Detlef Horster Ethik

Für Hanna Bonnekoh
mit herzlichen Grüßen
von Detlef Horster
8/IX/'09

Immer wieder wird gefragt, was Moral denn eigentlich ist. Mit der Antwort verhält es sich wie mit der augustinischen Antwort auf die Frage nach der Zeit: Solange man nicht gefragt wird, weiß man, was Zeit ist. Mit einer solchen Antwort muss man sich im Falle der Moral aber nicht zufriedengeben. Der vorliegende Band bietet entsprechende Antworten aus unterschiedlichen Perspektiven: aus der der Metaethik, der normativen Ethik, der angewandten Ethik und durch Klärung des Verhältnisses von Moral und Werten. Er eignet sich ebenso zum Selbststudium wie für den Ethikunterricht, für das Philosophiestudium und für Weiterbildungsstudiengänge.

Detlef Horster, geboren 1942, lehrte an den Universitäten Utrecht (Niederlande), Kassel, Berlin (Humboldt-Universität), Port Elizabeth (Südafrika) und Zürich. Er war Visiting Fellow am »Institut für die Wissenschaft vom Menschen« in Wien und zuletzt Professor für Sozialphilosophie an der Leibniz Universität Hannover. Weitere Informationen auf der Website: www.detlef-horster.de.

Inhalt

Vorbemerkung 7

Was ist Moral? 8

Pflichterfüllung: Deontologie oder Sollensethik 13
   Monistische Deontologie: Immanuel Kant 13
   Der kategorische Imperativ 13
   Wille, Maxime, Prinzip und Gesetz 20
   Die konkrete Entscheidung in einer Dilemmasituation 22
   Die Motivation, einer moralischen Regel zu folgen 24
   Pflichten gegen sich selbst 27
   Supererogation 29
   Pluralistische Deontologie: William D. Ross 34
   Noch einmal: Die konkrete Entscheidung
      in einer Dilemmasituation 37

Utilitarismus 40
   Handlungsutilitarismus 41
   Regelutilitarismus 45
   Präferenzutilitarismus 46
   Utilitarismuskritik: Bernard Williams 49

Kontraktualismus 51

Funktionalismus 60

Sensualismus und schottische Moralphilosophie 64

Gut und Böse 73
   Ein Blick in die Philosophiegeschichte 73
   Das alltägliche abweichende Verhalten 77
   Das radikale Böse 79

Beispiele für angewandte Ethik 85
　　Genpatentierung 86
　　In Würde sterben 87
　　Weltarmut 91

Werte und Normen 101
　　Das Gute 101
　　Die Natur moralischen Wissens 103
　　Das Verhältnis von Werten und Normen 108
　　Die Objektivität von Werten und Normen 111
　　Werte und Normen im Recht 118

Zitierte Literatur 121
Kommentierte Bibliografie 130
Schlüsselbegriffe 136
Zeittafel 142
Dank 145

Vorbemerkung

Der Begriff »Ethik« wird unterschiedlich verwendet. Zum Teil werden »Moral« und »Ethik« als Synonyme gebraucht, was daher rührt, dass das altgriechische »ethos« in der Übersetzung Gewohnheit und Sitte bedeutet. Das lateinische »mos/moris«, von dem sich der deutsche Begriff der Moral ableitet, bedeutet übersetzt ebenfalls Gewohnheit, Sitte oder Brauch. In Abgrenzung von der Antike nimmt Kant in der *Grundlegung zur Metaphysik der Sitten* eine Zweiteilung vor. (Vgl. AB V) Viele sind ihm gefolgt, wenn sie die Ethik nun als Frage nach dem guten und gelungenen Leben und Moral als Frage nach den allgemeinen Regeln der Handlungskoordinierung ansprechen. »Ethik« ist demnach auf das Individuum bezogen. Mit »Moral« hingegen bezeichnet man die Regeln, die zwischen mindestens zwei Personen gelten. Dieser Unterscheidung bin ich bisher gefolgt. (Vgl. zuletzt Horster 2004, 105 ff.) Bei einer dritten Weise der Begriffsverwendung meint »Ethik« die akademische Moralphilosophie. Und um diese geht es im vorliegenden Band aus der Reihe »Grundwissen Philosophie«.

Was ist Moral?

In philosophischen Seminaren oder in alltäglichen Gesprächen taucht immer wieder die Frage auf, was denn eigentlich Moral ist. Man könnte nun auf die augustinische Antwort auf die Frage nach der Zeit zurückgreifen: Wenn mich niemand danach fragt, weiß ich, was sie ist. Damit wollen wir uns nicht zufriedengeben, vielmehr soll die Frage nach der Moral die leitende Frage dieser Monografie sein. Es werden in neun Kapiteln verschiedene Zugänge erprobt.
Einerseits wird gesagt, dass es *die* Moral gar nicht gibt, weil Moral kulturabhängig ist. Andererseits wird behauptet, dass grundlegende moralische Regeln zu allen Zeiten und in allen Kulturen dieselben seien. Zwei gegensätzliche, einander ausschließende Meinungen, die die Frage provozieren, was denn nun richtig ist. Hier liegt ein Ansatzpunkt, um den ersten Mosaikstein für die Antwort auf unsere Leitfrage zu bekommen. Verschiedene Regeln, die unstrittig als moralische bezeichnet werden, sollen analysiert werden, um zu sehen, was das Verbindende solcher Normen ist. Dabei muss die Suche deshalb mit unstrittigen moralischen Regeln beginnen, weil nicht bei allen Verboten oder Geboten klar ist, ob es sich um moralische handelt. Es gibt auch Traditionen oder bloße Konventionen und rechtliche Regeln. Davon müssen wir die moralischen abgrenzen. Von Werten muss die Moral ebenfalls abgegrenzt werden; doch leiten sich die moralischen Pflichten aus Werten ab. Ein hoher Wert ist beispielsweise das menschliche Leben oder die Gesundheit beziehungsweise die körperliche und geistige Unversehrtheit. Wir haben entsprechend moralische Normen, Regeln oder Pflichten, die diese Werte schützen sollen. Da gibt es das moralische Verbot, zu töten, und das moralische Gebot, Leben zu schützen. Da gibt es das Verbot,

Menschen zu quälen oder zu foltern; ebenso wenig ist Psychoterror oder Stalking moralisch erlaubt; rechtlich ebenfalls nicht. Ein anderer hoher Wert ist die wechselseitige Achtung. Daraus ergibt sich die Pflicht des rücksichtsvollen Umgangs miteinander oder die Pflicht, ein einmal gegebenes Versprechen zu halten. Die Untersuchung und der Vergleich solcher unbestrittenen moralischen Regeln können dazu dienen, ihren Kerngehalt zu ermitteln und eine erste Moraldefinition vorzunehmen: Moral ist die Gesamtheit der Regeln, die zur Realisierung der Werte oder zum Wohl der Menschen beitragen. Man kann auch sagen, dass die moralischen Regeln, wenn sie angewendet werden, die Menschen, die vom Handeln anderer betroffen sind, schützen sollen. Das bedeutet – vor allem mit Blick auf die letztgenannte Pflicht, das Halten von Versprechen –, dass es durchaus sein kann, dass man manchmal zu Handlungen verpflichtet ist, die nicht im eigenen Interesse liegen, ja, die zuweilen dem Eigeninteresse zuwiderlaufen und zu deren Einhaltung man sich bei freier Wahlmöglichkeit nicht ohne Weiteres verpflichten würde. (So auch Schaber 2003, 20)

Sind nun diese moralischen Regeln, die für uns unbestritten moralische Regeln sind, in anderen Kulturen und Gemeinschaften ebenfalls unbestrittene moralische Regeln oder gibt es in jeder Kultur jeweils eigene? Dazu das Beispiel einer anderen moralischen Pflicht, der Fürsorgepflicht, die wir gegenüber Kindern oder gegenüber unseren hilfsbedürftigen alten Eltern haben. Sie ist weltweit verbreitet. Wie man ihr allerdings nachkommt, hängt vom kulturellen Kontext ab. In unserer Kultur wird das vierte Gebot dadurch erfüllt, dass wir die Verantwortung für das Wohlergehen oder die Pflege unserer alten Eltern übernehmen. Bei den Eskimos – so schildert McNaughton – wird dieses Gebot dadurch erfüllt, dass der Vater mit dem Sohn ein letztes Mal auf die Jagd geht, sich danach von dem Sohn verabschiedet und sich auf eine Eisscholle legt, um zu sterben. »Der Anteil des Sohnes an die-

sem Ritual sieht wie ein Beispiel aus, wie man seine Eltern ehrt.« (McNaughton 2003, 236f.)
Franz von Kutschera berichtet: »Bei den Papuas auf Neuguinea dient die Kopfjagd dazu, Namen im Sinn von Identitäten für die eigenen Kinder zu beschaffen. Sie glauben, ein Kind könne nur dadurch eine personale Identität erlangen, daß man sie einem Lebenden nimmt. Daher erfüllt ein Familienvater mit der Kopfjagd eine Fürsorgepflicht für seine Kinder.« (Kutschera 1999, 248) Ein anderes Beispiel von derselben Insel: Dem Gebot der Fürsorgepflicht für die Neugeborenen kommen die Eipo, ein Eingeborenenstamm auf Neuguinea, in einer Weise nach, die uns völlig fremd ist. Wenn die Versorgung nicht sichergestellt ist, töten sie die Neugeborenen nach der Geburt. (Vgl. Schiefenhövel 1986, 44)
Der Eindruck, diese Handlungen basierten auf ganz unterschiedlichen Moralregeln und -auffassungen, ist darauf zurückzuführen, dass deren Realisierung kulturell und traditionell anders gehandhabt wird. Doch sieht man an der moralischen Pflicht der Fürsorge, dass sie weltweit zu finden ist, aber dass man ihr in verschiedenen Kulturen auf je unterschiedliche Weise nachkommt. Es ist deshalb wichtig, dass man Moral, Traditionen oder bloße Konventionen und rechtliche Regeln auseinanderhält. Die Abgrenzung der Moral von anderen Regelsystemen gehört in den Bereich der Metaethik, ebenso wie die Frage, ob Moral kultur- und gesellschaftsabhängig ist oder objektiv und universell.
Nun noch ein Wort zur Unterscheidung von Recht und Moral. (Ausführlich dazu Horster 2004, 117–128) Ich beziehe mich auf Kant, der in der *Einleitung zur Metaphysik der Sitten* Recht und Moral in der Weise unterscheidet, dass die Befolgung moralischer Regeln einem inneren Zwang folgt, das Recht hingegen äußerlich zwingt. Es kann staatlicherseits durchgesetzt werden. (Vgl. AB 31 – AB 36) Wenn man einer Rechtsregel nicht folgt, muss man dabei nicht unbedingt ein schlechtes Gewissen haben: Man kann guten Gewissens falsch parken, bestraft wird man trotzdem. Ungeachtet dieser

Unterscheidung gibt es einen Zusammenhang von Recht und Moral. Wie Kurt Bayertz schreibt, sichern Rechtsnormen unsere wichtigen moralischen Regeln ab. (Vgl. Bayertz 2004, 260) So wird etwa das wichtige moralische Gebot, menschliches Leben zu schützen, strafrechtlich mit den §§ 211 und 212 StGB abgesichert.

Die bisherigen Ausführungen bezeichnet man in der Moralphilosophie als Metaethik. Um es zu wiederholen: Man fragt auf diesem Gebiet, was Moral eigentlich ist, ob moralische Regeln universell oder kulturabhängig sind, ob sie objektiv oder intersubjektiv sind. Mit dieser Bestimmung gehe ich über Norbert Hoerster hinaus, der nur die Frage nach der Begründung von moralischen Urteilen zur Metaethik zählt. (Vgl. Hoerster 1976, 11) Die Frage lautet dann, nach welchen Prinzipien moralische Urteile eigentlich gefällt werden. Damit tun wir einen weiteren Schritt auf dem Weg zur Klärung dessen, was Moral ist. Hier soll das Beispiel einer zentralen moralischen Regel weiterhelfen, die da lautet, dass Versprechen zu halten sind: A hat seinem Freund B versprochen, ihm am Abend bei der Steuererklärung zu helfen, die er am nächsten Tag abgeben muss. Morgens bekommt A Karten für ein attraktives Europacupspiel geschenkt. A hatte sich lange vergeblich um Karten für dieses Spiel, das ausverkauft ist, bemüht. Das erzählt er seinem Freund C. Der könnte Folgendes einwenden:

1. Man muss ein Versprechen unbedingt halten.
2. Der Schaden, den B erleiden würde, würde das Vergnügen, das du erwartest, bei Weitem überwiegen.
3. In unserer Gesellschaft ist man sich doch einig darüber, dass man Versprechen halten muss.
4. Unser Zusammenleben würde nicht funktionieren, wenn man sich nicht mehr darauf verlassen könnte, dass Versprechen gehalten werden.
5. Das muss dir doch dein Gefühl schon sagen, dass du deswegen dein Versprechen nicht brechen darfst.

Man sieht an den Einwendungen des Freundes, dass moralische Urteile auf ganz verschiedenen Prinzipien basieren können. Auch hier haben wir wieder eine objektive und allgemein anerkannte moralische Regel, deren Befolgung ganz unterschiedlich begründet wird. Im ersten Fall deontologisch (sollensethisch), im zweiten utilitaristisch (nach Nützlichkeitsgesichtspunkten), im dritten kontraktualistisch (vertragstheoretisch), im vierten funktionalistisch und zuletzt sensualistisch (auf das moralische Empfinden rekurrierend). C argumentiert normativ. Die Begründungen moralischen Handelns zu klassifizieren – wie hier getan –, ist hingegen Teil der Metaethik. Diese Klassifizierungen bezeichnen normative Ethikpositionen, von denen zwei gegenwärtig zentral sind: die deontologische und die utilitaristische. Wenn wir uns diesen normativen Positionen zuwenden, verlassen wir den Bereich der Metaethik, den wir einführend betreten hatten.

Pflichterfüllung:
Deontologie oder Sollensethik

C hält seinem Freund A, der lieber zum Fußball gehen möchte, im ersten Fall entgegen, dass Versprechen unbedingt zu halten sind. Das griechische »deon« heißt im Deutschen Pflicht. Darum spricht man in der Ethik von der Deontologie, wenn man die Pflichtenethik meint, die besagt, dass man einer Pflicht unbedingt nachkommen soll. Wir kennen ganz unterschiedliche Positionen der Deontologie, meist jedoch wird sie mit dem Namen Immanuel Kant (1724–1804) verbunden.

Monistische Deontologie: Immanuel Kant

Zu Kants Moralphilosophie gibt es bereits hervorragende Darstellungen. (Vgl. etwa Schnädelbach 2005, 73-94) Darum will ich hier ausführlicher auf die moralische Motivation und die Pflichten gegen sich selbst eingehen, darüber hinaus auf die Supererogation, deren Darstellung hier systematisch passt. Außerdem will ich zeigen, dass Kant die Dilemmasituation unterschätzt hat beziehungsweise sie ihm nicht bewusst war.

Der kategorische Imperativ

Die kantische Deontologie geht von der Vorstellung aus, dass moralisches Handeln Pflichterfüllung ist. Die Folgen sind für den Handelnden nicht oder nur von geringer Bedeutung. In seiner Auseinandersetzung mit dem französischen Philosophen Benjamin Constant (1767–1830) sagt Kant, dass einem

dann, wenn man das moralische Gesetz streng befolgt habe, die öffentliche Gerechtigkeit nichts anhaben könne, »die unvorhergesehene Folge mag sein, welche sie wolle« (Über ein vermeintes Recht aus Menschenliebe zu lügen A 306). »Der moralische Wert des Handelns besteht also in der Qualität, die man einer äußeren Handlung nicht ansieht; Kant spricht von der ›Gesinnung‹. [...] Nur dadurch ist die Moralität des Subjekts dem Zufall des äußeren Erfolges der Handlung enthoben und von ihm unabhängig.« (Kaulbach 1969, 229f.)
Darum beginnt Kant die *Grundlegung zur Metaphysik der Sitten* mit dem Satz: »Es ist überall nichts in der Welt, ja überhaupt auch außer derselben zu denken möglich, was ohne Einschränkung für gut könnte gehalten werden, als allein ein *guter Wille*.« (Grundlegung zur Metaphysik der Sitten BA 1)
Würde man Kant die Frage stellen, warum er nach einem einzigen Gesetz sucht, das alle moralischen Handlungen begründen können muss, würde er uns die rhetorisch gemeinte Frage stellen, ob es denn nicht »von der äußersten Notwendigkeit sei, einmal eine reine Moralphilosophie zu bearbeiten, die von allem, was nur empirisch sein mag [...] völlig gesäubert wäre«. Kant gibt die Antwort gleich selbst: »Jedermann muß eingestehen, daß ein Gesetz, wenn es moralisch, d. i. als Grund einer Verbindlichkeit gelten soll, absolute Notwendigkeit bei sich führen müsse.« (Grundlegung zur Metaphysik der Sitten BA VIIf.)
Nur die Vernunft allein kann die Voraussetzung für ein solches Gesetz, das absolute Verbindlichkeit fordert, bilden, da »sie bloß sich selbst vorauszusetzen bedürfe, weil die Regel nur alsdenn objektiv und allgemein gültig ist, wenn sie ohne zufällige, subjektive Bedingungen gilt, die ein vernünftig Wesen von dem anderen unterscheiden« (KpV A 38).
Kant sieht dieses moralische Gesetz in Analogie zu den Naturgesetzen: Die Verwirklichung muss mit absoluter Notwendigkeit eintreten. Dem Gesetz ist »der Charakter der Allgemeingültigkeit eigentümlich: alle vernünftigen Wesen sind

ihm verpflichtet, so daß sich kein Individuum aus dieser Gemeinschaft eine isolierte, private Interessensphäre abzusondern das Recht hat« (Kaulbach 1969, 216). Kant spricht von einer »Naturordnung«, der alle unsere Maximen unterworfen sein müssen, und in seinem handschriftlichen Nachlass spricht er von einem »Analogon der Natur«. (Bittner/Cramer 1975, 47)

Wenn man die Frage stellt, welches das Gesetz sein könnte, das aller Moral zugrunde liegt, könnte man sehr schnell darauf kommen, dass es die Glückseligkeit ist, denn mit ihr beginnt Aristoteles seine Ethik. Kann sie für Kant das grundlegende Prinzip sein? Dagegen, dass die Glückseligkeit, nach der alle Menschen gleichermaßen streben, das Prinzip sein könne, auf das sich eine Moralphilosophie aufbauen ließe, bringt Kant folgende Argumente vor:

1. Glück und Zufriedenheit sind uns nicht von Natur gegeben, weil wir, um beides zu erlangen, erst danach streben müssen. Vernünftige Wesen sind wir hingegen von Natur aus. Dementsprechend kann eine Moralphilosophie nicht auf Glück als oberstem Prinzip aufbauen, weil in dem Fall unser oberster sittlicher Wert vom Zufall abhängig wäre. (Vgl. Kaulbach 1969, 219)
2. Die Glückseligkeitsphilosophie macht etwas zum obersten Prinzip, zu dem wir ohnedies alle streben. Deshalb braucht man es nicht als oberstes Prinzip ausdrücklich zu formulieren. (Vgl. Kaulbach 1969, 220)
3. Wenn die Glückseligkeit das oberste Prinzip sein sollte, dann hätte die Natur es sehr schlecht eingerichtet, »sich die Vernunft des Geschöpfs zur Ausrichterin dieser ihrer Absicht zu ersehen. Denn alle Handlungen, die es in dieser Absicht auszuüben hat, und die ganze Regel seines Verhaltens würden ihm weit genauer durch Instinkt vorgezeichnet.« (Grundlegung zur Metaphysik der Sitten BA 4 f.)
4. Die Glückseligkeit wird zwar von jedem angestrebt. Dennoch ist das, was unter Glückseligkeit verstanden wird, jeweils individuell verschieden. Deshalb können »prakti-

sche Vorschriften, die sich auf sie gründen, [...] niemals allgemein sein, denn der Bestimmungsgrund des Begehrungsvermögens ist auf das Gefühl der Lust und Unlust, das niemals als allgemein auf dieselben Gegenstände gerichtet angenommen werden kann, gegründet. [...] Der Bestimmungsgrund wäre immer doch nur subjektiv gültig und bloß empirisch und hätte diejenige Notwendigkeit nicht, die in einem jeden Gesetze gedacht wird, nämlich die objektive aus Gründen a priori.« (KpV A 45–47)
Wegen dieser hier angeführten Gründe muss man nach Kant Moral und Ethik auseinanderhalten. Wie bereits im Vorwort erwähnt: Die Unterscheidung von Ethik und Moral kann man in zwei Fragen kleiden, sodass die Differenz unmittelbar augenfällig wird. Die moralische Frage lautet: »Warum ist man kategorisch verpflichtet, x zu tun?« (Wingert 1993, 32) Die ethische Frage hingegen: »Warum ist es gut für mich, x zu tun?« (Wingert 1993, 33); es ist die Frage nach dem Weg zur Erlangung des Glücks.
Ethische Problematiken sind solche, die »die Integrität eines praktischen Selbstverhältnisses stören«, moralische sind solche, die ein »intersubjektives Verhältnis belasten«. (Wingert 1993, 131) Festzuhalten ist also: Ethische Erörterungen betreffen immer das Selbstverhältnis, moralische die Interaktionen vergesellschafteter Individuen. »Während ethische Probleme sich *mir* stellen, sind moralische Probleme praktische Probleme für *uns*.« (Wingert 1993, 145; Hervorhebungen nicht im Original)
Diese von Kant eingeführte Differenzierung entspricht der sozialen Entwicklung in der zweiten Hälfte des 18. Jahrhunderts; in dieser Zeit verliert der Staat »sichtbar die Kontrolle über die Glücksbeschaffung und zugleich wird dem Individuum mehr und mehr zugemutet, sich selbst um sein Glück zu kümmern« (Luhmann 2000, 207). Es gibt nach Kant neben der Moral das Thema des für den einzelnen Menschen Guten. Der einzelne Mensch stellt sich die Frage danach, was für ihn gut ist. Diese Thematisierung der Ethik bezieht sich

nicht nur auf bestimmte Fähigkeiten, die für den Menschen gut sind, beispielsweise, an sich zu arbeiten und eine gute Tennisspielerin oder ein guter Koch zu werden und an diesen Fähigkeiten Freude zu empfinden. »Das ethisch Gute ist nicht einfach ein Wertmaßstab unter anderen Wertmaßstäben. Die Orientierung an ihm führt dazu, daß die betreffende Person sich nicht bloß in einer Hinsicht, sondern schlechthin bejahen kann.« (Wingert 1993, 136)

In Abgrenzung zu den ethischen Fragen geht es nun darum, die Frage nach dem moralischen Prinzip zu stellen. Was ist nun das von Kant gesuchte moralische Prinzip, das dem Kriterium der Allgemeingültigkeit entspricht und dessen Verwirklichung mit absoluter Notwendigkeit eintreten muss? Kant beginnt die Entwicklung dieses Prinzips mit folgender Einsicht: Der Mensch ist von Natur aus ein Vernunftwesen und als solches frei, das heißt, er kann sich von Natureinflüssen mittels der Vernunft frei machen. Alle anderen Wesen werden von der Natur in ihren Handlungen bestimmt; Tiere durch ihre Instinkte. Pferde können bei Gefahr immer nur fliehen und Raubtiere nur angreifen. Tierisches Verhalten ist festgelegt und berechenbar. Darauf beruht der Erfolg der Dressur. Der Mensch hingegen kann sein Handeln selbst bestimmen und kann sich das Gesetz des Handelns selbst geben.

Jeder Mensch hat von Natur aus Vernunft. *Darum kann Kant die Vernunft als apodiktisch evidenten Anfang für die Entwicklung seines Moralsystems nehmen.* »Der Mensch und überhaupt jedes vernünftige Wesen existiert als Zweck an sich selbst, nicht bloß als Mittel zum beliebigen Gebrauche für diesen oder jenen Willen.« (Grundlegung zur Metaphysik der Sitten BA 64) Oder anders: »Was den Menschen zum Menschen auszeichnet, was ihm seine menschliche Gestalt gibt, ist die Vernunft, das Vermögen, nach selbstgesetzten Zwecken in der Welt zu wirken.« (Volkmann-Schluck 1974, 98) Erst aus der Vernunft eines solchen Wesens, das den Zweck seiner Existenz in sich selbst hat, kann Kant ein all-

gemein geltendes Prinzip herleiten, das die Autonomie dieser vernünftigen Wesen garantiert. Wenn es überhaupt ein oberstes praktisches Prinzip geben kann, muss »es ein solches sein, das aus der Vorstellung dessen, was notwendig für jedermann Zweck ist, weil es Zweck an sich selbst ist, ein objektives Prinzip des Willens ausmacht, mithin zum allgemeinen praktischen Gesetz dienen kann«, schreibt Kant. »Der Grund dieses Prinzips ist: die vernünftige Natur existiert als Zweck an sich selbst. So stellt sich notwendig der Mensch sein eignes Dasein vor; so fern ist es also ein subjektives Prinzip menschlicher Handlungen. So stellt sich aber auch jedes andere vernünftige Wesen sein Dasein zufolge eben desselben Vernunftgrundes, der auch für mich gilt, vor; also ist es zugleich ein objektives Prinzip, woraus als einem obersten praktischen Grunde alle Gesetze des Willens müssen abgeleitet werden können. Der praktische Imperativ wird also folgender sein: Handle so, daß du die Menschheit sowohl in deiner Person, als in der Person eines jeden andern jederzeit zugleich als Zweck, niemals bloß als Mittel brauchst. Wir wollen sehen, ob sich dieses bewerkstelligen lasse.« (Grundlegung zur Metaphysik der Sitten BA 66)
Der kategorische Imperativ ist das gesuchte Prinzip, von dem aus alles seinen Ausgang zu nehmen hat. In der *Grundlegung zur Metaphysik der Sitten* gibt es noch zwei weitere Formulierungen des kategorischen Imperativs: 1. »Handle nur nach derjenigen Maxime, durch die du zugleich wollen kannst, daß sie ein allgemeines Gesetz werde.« Und 2. »Handle so, als ob die Maxime deiner Handlung durch deinen Willen zum allgemeinen Naturgesetze werden sollte.« (BA 52) Die Formulierung in der *Kritik der praktischen Vernunft* lautet: »Handle so, daß die Maxime deines Willens jederzeit zugleich als Prinzip einer allgemeinen Gesetzgebung gelten könne.« (A 54)
Wenn nun vom kategorischen Imperativ die Rede ist, stellt sich die Frage, was »kategorisch« heißt. Dazu sagt Kant: »Alle Imperativen nun gebieten entweder hypothetisch, oder kategorisch. Jene stellen die praktische Notwendigkeit einer mög-

lichen Handlung als Mittel zu etwas anderem, was man will (oder doch möglich ist, daß man es wolle), zu gelangen vor. Der kategorische Imperativ würde der sein, welcher eine Handlung als für sich selbst, ohne Beziehung auf einen andern Zweck, als objektiv-notwendig vorstellte.« (Grundlegung zur Metaphysik der Sitten BA 39)

Der Zweck des kategorischen Prinzips liegt nicht außerhalb seiner. Demnach kann man nicht sagen, dass man sich deshalb moralisch richtig verhält, damit man in den Himmel kommt. Auch bei der Goldenen Regel liegt der Zweck des Gesetzes außerhalb des Gesetzes: Man verhält sich moralisch richtig, damit man selbst von den anderen ebenfalls anständig behandelt wird. Das moralische Gesetz Kants wird dagegen um des Gesetzes willen befolgt. Das heißt »kategorisch«. Man muss das Gesetz unbedingt befolgen, ganz gleich, was die Befolgung dieses Gesetzes bewirken wird, sonst verliert man die Achtung vor dem Gesetz. Und weil der Mensch sich das Gesetz selbst gegeben hat, verlöre er letzten Endes die Achtung vor sich selbst.

In welchem Verhältnis steht nun das Gesetz zur Freiheit? Ist die Freiheit des Menschen Bedingung des kategorischen Imperativs, oder ist der Mensch erst dann frei, wenn er den kategorischen Imperativ befolgt? Darauf gibt Kant in der *Grundlegung zur Metaphysik der Sitten* eine klare Antwort, denn dort sagt er, dass das Gesetz unter der Kausalität der Freiheit steht. Dies fasst er in der *Kritik der praktischen Vernunft* genauer: Die Freiheit sei die ratio essendi des moralischen Gesetzes, das moralische Gesetz hingegen die ratio cognoscendi der Freiheit. (A 5 Fn.) Freiheit von der Natur muss vorausgesetzt werden, damit man den kategorischen Imperativ überhaupt denken kann. Nur ein vernünftiges Wesen, das qua Vernunft frei sein kann von fremden Einflüssen, kann sich den kategorischen Imperativ als Handlungsgesetz geben. Die Unabhängigkeit von den Naturgesetzen muss möglich sein, damit der kategorische Imperativ überhaupt gedacht und formuliert werden kann. Nur durch die Geltung des kategorischen Imperativs realisiert und stabilisiert der Mensch die Freiheit *zu* etwas, und zwar zur autonomen Lebensgestaltung. Der kategorische Imperativ selbst ist nur möglich aufgrund von potenzieller Freiheit, der Freiheit *von* etwas: »Freiheit und unbedingtes praktisches Gesetz weisen also wechselweise auf einander zurück.« (KpV A 52)

Wille, Maxime, Prinzip und Gesetz

Das Verhältnis von Freiheit und kategorischem Imperativ ist nun geklärt. In welchem Verhältnis stehen die schon mehrmals erwähnten Begriffe »Wille«, »Maxime«, »Prinzip« und »Gesetz« in Kants Ethik? »Wichtig ist hier, dass dieses formale Prinzip des Willens sich nach Kant gar nicht auf Einzelhandlungen bezieht; dies folgt aus seinem Begriff des Willens: ›Ein jedes Ding der Natur wirkt nach Gesetzen. Nur ein vernünftiges Wesen hat das Vermögen, nach der Vorstellung der Gesetze, d. i. nach Prinzipien, zu handeln, oder einen Willen. Da zur Ableitung der Handlungen von Gesetzen Vernunft erfordert wird, so ist der Wille nichts anderes, als praktische Vernunft.‹ [*Grundlegung* BA 36] Vernünftiges Wollen ist für Kant stets eines nach Prinzipien und nicht sprunghaft und chaotisch, und diese Prinzipien sind zunächst immer subjektiv. Die subjektiven Prinzipien des Wollens nennt Kant Maximen. [Vgl. *Grundlegung* BA 15 Fn.]« (Schnädelbach 2005, 91)

Kant nennt neben dem Begriff des Willens, des Gesetzes und der Maximen noch den Begriff der Willkür. Ist die Willkür vom Willen unterschieden? »Über den Begriff der Willkür sind äußeres Geschehen und Person miteinander verbunden. Hinter der jeweils besonderen Willkür der Einzelakte steht als allgemeines Vermögen der Person: ihr Wille. Der Wille leistet die Vermittlung zwischen praktischer Vernunft und den konkreten Bestimmungsgründen der Willkür; er bezeichnet die Fähigkeit des reifen Menschen, sich überhaupt

nach einer allgemeinen Regel entscheiden zu können.« (Gerhardt 1981, 69f.)
Was dem Willen zugrunde liegt, ist das moralische Gesetz; was der Willkür zugrunde liegt, ist die Maxime. Damit sind wir beim Begriff der Maxime, der in Kants Pädagogik von zentraler Bedeutung ist. Man müsse als Erzieher darauf hinwirken, dass das Kind sich daran gewöhne, nach Maximen zu handeln und nicht nach seinen Trieben. (Vgl. Über Pädagogik A 100ff.) Die Maximen bilden also die Basis für die subjektiven Handlungsregeln. Diese subjektiven Entscheidungsgrundlagen des Handelns müssen mit dem moralischen Gesetz in Übereinstimmung stehen, sie müssen an ihm gemessen werden. Wie dies geschehen kann, schildert Kant selbst an einem Beispiel: »Ich habe z.B. es mir zur Maxime gemacht, mein Vermögen durch alle sichere Mittel zu vergrößern. Jetzt ist ein Depositum in meinen Händen, dessen Eigentümer verstorben ist und keine Handschrift darüber zurückgelassen hat. Natürlicherweise ist dies der Fall meiner Maxime. Jetzt will ich nur wissen, ob jene Maxime auch als allgemeines praktisches Gesetz gelten könne. Ich wende jene also auf gegenwärtigen Fall an und frage, ob sie wohl die Form eines Gesetzes annehmen, mithin ich wohl durch meine Maxime zugleich ein solches Gesetz geben könnte: daß jedermann ein Depositum ableugnen dürfe, dessen Niederlegung ihm niemand beweisen kann. Ich werde sofort gewahr, daß ein solches Prinzip, als Gesetz, sich selbst vernichten würde, weil es machen würde, daß es gar kein Depositum gäbe.« (KpV A 49) Damit hat Kant im Bereich des Moralischen zeigen können, wie sich Individuen und Gesellschaft miteinander verbinden, und zwar durch die absolute Pflicht aller, sich auf das moralische Gesetz zu beziehen.
Vertraut mit den Begriffen »Maxime«, »Willkür«, »Wille« und »moralisches Gesetz«, verstehen wir nun den kategorischen Imperativ in der Formulierung in der *Kritik der praktischen Vernunft* besser: »Handle so, daß die Maxime deines Willens

jederzeit zugleich als Prinzip einer allgemeinen Gesetzgebung gelten könne.« (A 54) Die Maxime des Willens muss sich am Gesetz ausrichten und messen lassen.

Abschließend und zusammenfassend: »Wirksam innerhalb der Welt ist das Sittengesetz erst dadurch, daß der Mensch es zum Bestimmungsgrund seines Wollens und Wirkens selbst macht. Das meint nicht, die Freiheit bestehe darin, sich für oder gegen das Sittengesetz zu entscheiden; denn wenn der Mensch sich nicht in seinem Wollen durch es bestimmen läßt, dann wird er, wie vermittelt auch immer, durch Naturgesetze bestimmt, und d.h. er bestimmt sich dann nicht selbst zum Wollen. Das bedeutet: das Sittengesetz ist keine Einschränkung der Freiheit, sondern es ist ihre wesentliche Vollzugsbedingung selbst.« (Volkmann-Schluck 1981, 179)

Die konkrete Entscheidung in einer Dilemmasituation

Wie kann nun ein einzelner Mensch in einer konkreten Situation eine moralische Entscheidung treffen? Kant hat in seiner Schrift *Über ein vermeintes Recht aus Menschenliebe zu lügen* herausgestellt, dass Lügen ein Unrecht sei, »das der Menschheit überhaupt zugefügt wird« (A 305), denn die Wahrheit zu sagen sei die »formale Pflicht des Menschen gegen jeden, es mag ihm oder einem andern daraus auch noch so großer Nachteil erwachsen« (A 304). Und Arno Baruzzi interpretiert: »In jeder Lüge liegt dieser nihilistische Kern, daß ich auch im kleinsten Tun einer Lüge immer gegen andere, letztlich das Ganze des Menschlichen, gegen die Menschheit handle.« (Baruzzi 1996, 80) Darum ist Kant mit guten Gründen und nicht – wie ihm vielfach unterstellt wurde – aufgrund seniler Verwirrung der Auffassung, dass »die Lüge gegen einen Mörder [...] ein Verbrechen sein würde« (A 302). Eine Lüge ist mit dem kategorischen Imperativ unvereinbar und gefährdet den Sozialvertrag und damit die Grundlage der menschlichen Gemeinschaft.

In Kants Schrift geht es um folgenden Fall: Ein Mann versteckt seinen zu Unrecht verfolgten Freund. Die Häscher an der Tür fragen ihn, ob er seinen Freund versteckt habe. Nun stellt sich für ihn die Frage, ob er die Wahrheit sagen oder – um seinen Freund zu schützen – lügen solle. Auf den ersten Blick könnte man meinen, dass die Entscheidung eindeutig ist, denn jeder unschuldig Verfolgte muss geschützt werden. So ist die Argumentation des französischen Philosophen Benjamin Constant, mit dem Kant sich auseinandersetzte. Constant vertritt einen utilitaristischen Standpunkt, wenn er sagt, dass es richtig sei, den Freund durch eine Lüge zu schützen. Dem setzt Kant sein deontologisches und zugleich sozialphilosophisches Argument entgegen, dass man mit dem Bruch eines Versprechens das Vertrauen in das Funktionieren von wert- und wirkungsvollen Sozialtechniken erschüttert und damit den zwischenmenschlichen Kontakt belastet. Heute würde man von einer Dilemmasituation sprechen. Sie ist dadurch gekennzeichnet, dass man einer moralischen Pflicht nur dadurch nachkommen kann, dass man einer anderen nicht nachkommt oder sie verletzt. Oder wie Susanne Boshammer eine solche Situation knapp und prägnant kennzeichnet: »1. Ich soll A tun; und: 2. Ich soll B tun; und: 3. Ich kann nicht A und B tun.« (Boshammer 2008a, 25) In dem Fall, den Kant mit Constant diskutiert, steht die Fürsorgepflicht der Pflicht, die Wahrheit zu sagen, gegenüber.
Nicht nur Kant, sondern auch andere Philosophen, wie Thomas von Aquin und John Stuart Mill, aber auch Gegenwartsphilosophen wie Richard Mervyn Hare sind der Auffassung, dass es moralische Dilemmata gar nicht geben kann. Sie argumentieren, dass dann, wenn man A tun soll und A nicht tun kann, man auch gar nicht verpflichtet ist, A zu tun, weil es einem beispielsweise nicht zugemutet werden kann. (Vgl. Boshammer 2008a, 44) Eine Dilemmasituation könne darum nur in einer »widersprüchlichen oder absurden Moraltheorie Bestand haben« (Boshammer 2008a, 45). Meist sind diejenigen, die die Existenz von Dilemmasituationen verneinen,

Vertreter einer monistischen Moralphilosophie wie der kantischen. (Vgl. Boshammer 2008a, 74) Doch wollen sie nicht sehen, dass das reale Leben nicht so widerspruchsfrei sein kann, wie es die »theorieinterne Konsistenz« fordert. (Boshammer 2008a, 85) Darum müssen wir mit William David Ross die theoretische Argumentation von der realen Lebenssituation unterscheiden. Wir werden bei der Darstellung der pluralistischen Moralphilosophie von Ross noch sehen, wie wir mit solchen Dilemmasituationen umgehen können.

Die Motivation, einer moralischen Regel zu folgen

Seit Kants Differenzierung von »principium executionis« (Prinzip der Ausführung) und »principium diiudicationis« (Prinzip der Beurteilung) ist klar, dass zwischen der Kenntnis von moralischen Regeln und der Motivation, nach diesen Regeln zu handeln, unterschieden werden muss. In seiner Vorlesung über Ethik heißt es:

»Wir haben hier zuerst auf zwei Stück zu sehen: auf das Principium der Dijudikation der Verbindlichkeit und auf das Principium der Exekution oder Leistung der Verbindlichkeit. Richtschnur und Triebfeder ist hier zu unterscheiden. Richtschnur ist das Principium der Dijudikation und Triebfeder der Ausübung der Verbindlichkeit, indem man nun dieses verwechselte, so war alles in der Moral falsch. Wenn die Frage ist: was ist sittlich gut oder nicht?, so ist das das Principium der Dijudikation, nach welchem ich die Bonität der Handlung beurteile. Wenn aber die Frage ist: was bewegt mich, diesen Gesetzen gemäß zu leben, so ist das das Principium der Triebfeder. Die Billigkeit der Handlung ist der objektive Grund, aber noch nicht der subjektive Grund. Dasjenige was mich antreibt, das zu tun, worin der Verstand sagt: ich soll es tun, das sind die motiva subjective moventia. Das oberste principium aller moralischen Beurteilung liegt im Verstande und das oberste Principium des moralischen Antriebes, diese Handlung zu tun, liegt im Herzen; diese Triebfeder ist das moralische Gefühl. Dieses Principium der Triebfeder kann nicht mit dem Principio der Beurteilung verwechselt werden. Das Principium der Beurteilung ist die Norm, und das Principium des Antriebes die Triebfeder. Die Triebfeder vertritt nicht die Stelle der Norm. Das hat einen praktischen Fehler, wo die Triebfeder wegfällt, und das hat einen theoretischen Fehler, wo die Beurteilung wegfällt.« (Kant 1924, 44 f.)

Was in dieser Vorlesung noch klar abzugrenzen ist, kann man später kaum noch unterscheiden. Kant hat Motivation und Einsicht in die Richtigkeit der moralischen Pflicht so eng verknüpft, dass die Spezifität der Motivation kaum noch erkennbar war: »Kant war bestrebt, das Faktum der Vernunft, nämlich das *Bewußtsein der Pflicht,* und das *Motiv,* pflichtgemäß zu handeln, so nahe wie möglich aneinander zu binden. Zwar sollte die Einsicht richtig bleiben, nach der man in der Ethik neben dem *objektiven* Beurteilungsprinzip auch noch ein *subjektives* Movens, ein principium executionis, braucht. Zugleich aber sollte diese subjektive Triebfeder so nahe an das Sittengesetz herangerückt werden, daß niemand mehr meinen konnte, es handle sich hier um ein Motiv im gewöhnlichen Sinne.« (Patzig 1996, 42) Das führt dann bisweilen zu der Auffassung, die moralische Überzeugung hätte motivierende Kraft. (Vgl. Ernst 2008, 53 und Garrard/McNaugthon 1998, 45)

Kant war der erste Philosoph, der die Unterscheidung zwischen Kenntnis und Einsicht in die Richtigkeit der Regel auf der einen Seite und Motivation, die Regel zu befolgen, auf der anderen traf. Zuvor waren die Formen des menschlichen Zusammenlebens so gestaltet, dass es dieser Unterscheidung nicht bedurfte. Für gläubige Christen beispielsweise war die Motivation, moralisch zu handeln, gar kein Problem. Das moralische Handeln war durch den Gehorsam gegenüber Gottes heiligen Geboten motiviert, der auf der Liebe zu Gott, auf der Furcht vor Bestrafung oder der Hoffnung auf Belohnung im Diesseits oder Jenseits basierte. Diese

Motivation war zu Kants Zeiten schon zumindest brüchig geworden. Darum musste die Frage nach der moralischen Motivation zu einer die Moralphilosophen bewegenden Frage werden.

Neben die Kenntnis einer moralischen Regel tritt laut Kant das Motiv, nach dieser Regel handeln zu wollen. Das reicht noch nicht aus. Günther Patzig fasst den gesamten Horizont dessen, was bei moralischem Handeln zu berücksichtigen ist, knapp so zusammen: »Ist es nicht eine schlichte Erfahrungstatsache, daß es nicht ausreicht, die Triftigkeit einer Norm einzusehen, um auch nach ihr zu handeln? Zweifellos ist die Überzeugung von der Richtigkeit einer Norm ein guter Grund, sie zu beachten und entsprechend zu handeln. Aber das reicht nicht als Motivation aus, da Gründe nicht als solche schon Motive sind.« (Patzig 1996, 39) Die Motivation muss demnach hinzutreten. Die Abfolge ist somit folgende: Man lernt zunächst die moralische Regel und fragt sich dann, ob man sie für gut und richtig hält. Auf Basis einer solchen Akzeptanz kann man die Motivation entwickeln, diese Regel zu befolgen.

Ein Beispiel: Herr X kennt und bejaht die moralische Regel, dass der Schutz menschlichen Lebens unbedingten Vorrang vor anderen möglichen Erwägungen haben muss. Er ist deshalb gegen Abtreibung. Als nun seine Freundin von ihm schwanger wird, fühlt er sich in seinen Lebensplänen so beeinträchtigt, dass er die Freundin zu einer Abtreibung überredet. Wir sehen, dass Regelkenntnis, Regelakzeptanz und die Motivation, einer Regel zu folgen, verschiedene Dinge sind. Herr X handelt in dieser Situation weder nach der moralischen Regel, dass menschliches Leben unbedingt zu schützen sei, noch nach seiner eigenen Überzeugung, dass diese Regel richtig und gut sei. Ihm fehlt in dieser Lebenssituation die Motivation dazu, der Regel zu folgen. Es gibt außerdem den umgekehrten Fall, dass eine Person scheinbar moralisch handelt, ohne moralisch motiviert zu sein. Das sind Handlungen, die nur – aus der Außenperspektive betrachtet – moralisch aussehen: Ich habe zum Beispiel als Student regelmäßig Blut gespendet, um Geld für die Finanzierung meines Studiums zu verdienen. Mein Motiv war es nicht, zum Wohl der Menschen beizutragen, die eine Bluttransfusion benötigen. Darum können wir aufgrund der theoretischen Klärung dessen, was Moral ist, in diesem Fall bestimmen, dass es sich um eine rein kommerzielle Beziehung handelte und nicht um moralisches Handeln. Wie schon gesagt: »Der moralische Wert des Handelns besteht also in der Qualität, die man einer äußeren Handlung nicht ansieht.« (Kaulbach 1969, 229)

Pflichten gegen sich selbst

Nach der bisherigen Darstellung der kantischen Moralphilosophie könnte man meinen, dass es moralische Pflichten nur gegenüber anderen gibt. Doch Kant kennt außerdem Pflichten gegen sich selbst. Im zweiten Teil der *Metaphysik der Sitten*, in der »Ethischen Elementarlehre«, gibt es einen Teil mit der Überschrift »Von den Pflichten gegen sich selbst überhaupt«. Über die Pflichten gegen sich selbst sagt Kant in seiner Ethik-Vorlesung: »In der Moral ist kein einziges Stück mangelhafter abgehandelt als dieses Stück von den Pflichten gegen sich selbst.« (Kant 1924, 146) Um allen Missverständnissen vorzubeugen, die im Begriff der Pflichten gegen sich selbst liegen können, schreibt er: »Das Principium der Pflichten gegen sich selbst besteht nicht in der Selbstgunst, sondern in der Selbstschätzung, d.h. unsere Handlungen müssen mit der Würde der Menschheit übereinstimmen. [...] Allen Pflichten gegen uns selbst liegt eine gewisse Ehrliebe zum Grunde, die darin besteht, daß sich der Mensch selbst schätzt und in seinen eigenen Augen nicht unwürdig ist, daß seine Handlungen mit der Menschheit selbst übereinstimmen, der inneren Ehre in seinen Augen würdig zu sein.« (Kant 1924, 155f.)

Ein Missverständnis, das mir oft in Seminaren begegnet ist, wenn es um die Pflichten gegen sich selbst ging, ist die Auffassung, dass man moralischen Pflichten gegen andere nicht nachkommen müsse, wenn einen das zu sehr anstrengt: So müsse man ein Versprechen, das man dem Vater auf dem Sterbebett gegeben hat, nicht einhalten, wenn sich später herausstellt, dass seine Einlösung aufwendiger und teurer ist als zunächst gedacht. In diesem Beispielfall wurde gesagt, dass man bei Abwägung der Pflichten gegen andere und gegen sich zu der Auffassung kommen könne, dass die Pflichten gegen sich selbst – gemeint ist eine Vermeidung vermeintlich zu großer Anstrengung oder zu großen Aufwands – stärkeres Gewicht hätten. Das ist nun nicht gemeint, wenn von den Pflichten gegen sich selbst die Rede ist. Vielmehr können, wie bereits erwähnt, die Handlungen, die sich aus moralischen Pflichten ergeben, dem Eigeninteresse durchaus zuwiderlaufen.

Mit der Pflicht gegen sich selbst meint Kant die Pflicht, seine menschliche Würde nicht aufs Spiel zu setzen. Dazu ein längeres Zitat aus seiner Vorlesung:

»Wenn ein Mensch seine eigene Person entehrt, was kann man von dem noch fordern? Wer die Pflicht gegen sich selbst übertritt, wirft die Menschheit weg und dann ist er nicht mehr im Stande Pflichten gegen andere auszuüben. [...] Demnach sind die Pflichten gegen sich selbst die Bedingung, unter der die Pflichten gegen andere können beobachtet werden. [...] So ist eine kriechende Unterwürfigkeit uns nicht gleichgültig, solcher Mensch entehrt seine Person. Der Mensch muß nicht kriechend sein, dadurch vergibt man die Menschheit. Aber wenn sich jemand, um was zu gewinnen, von anderen wie ein Ball zu allem gebrauchen und mit sich alles machen läßt, der wirft den Wert der Menschheit weg. Die Lüge ist mehr eine Verletzung der Pflicht gegen sich selbst als gegen andere. Ein Lügner, wenn er auch keinem Menschen dadurch Schaden tut, so ist er doch dadurch ein Gegenstand der Verachtung, er wirft seine Person weg, er handelt niederträchtig, er übertritt die Pflicht gegen sich selbst. [...] Ferner, der seine eigene Freiheit wegwirft und sie für Geld verkauft, handelt wider die Menschheit, das Leben ist nicht so hoch zu halten, als daß man, so lange wie man lebt, als ein Mensch lebe, d. h. nicht im Wohlleben, sondern so, daß er die Menschheit nicht entehrt, er muß auch als ein Mensch würdig leben, alles, was ihn darum bringt, macht ihn unfähig zu allem und hebt ihn als einen Menschen auf. [...] Es ist die Verletzung der Würde der Menschheit in seiner eigenen Person. [...] Die Pflichten gegen sich selbst sind die oberste Bedingung und das Principium aller Sittlichkeit, denn der Wert der Person macht den moralischen Wert aus [...]. Wer keinen inneren Wert hat, der hat seine Person weggeworfen und der kann keine Pflicht mehr ausüben.« (Kant 1924, 147–151)

Die Pflichten gegen sich selbst bezieht Kant ebenso auf die Physis. Demnach darf man mit seinem eigenen Körper nicht machen, was man will: »Der Mensch ist nicht befugt, für Geld seine Gliedmaßen zu verkaufen [...] tut nun der Mensch solches, so macht er sich zu einer Sache und dann kann ein jeder mit ihm nach Belieben handeln, weil er seine Person weggeworfen hat.« (Kant 1924, 154) Es ist mithin im kantischen Sinne überhaupt keine diskussionswürdige Frage, ob man sich einem Sadisten zur Verfügung stellen darf, damit er seine Lust befriedigen kann, wie das seinerzeit landesweit angesichts des »Kannibalen von Rothenburg« diskutiert wurde.

Supererogation

Als Mitglied der moralischen Gemeinschaft hat man moralische Rechte und Pflichten. Sie sind zwei Seiten ein und derselben Medaille. Wenn man die Pflicht hat, jemandem, der mit seinem Auto in der Nacht in den Straßengraben geraten ist, zu helfen, hat man in der umgekehrten Situation das moralische Recht, dies von jemand anderem zu fordern. In Analogie hierzu spricht Kant mit Bezug auf die rechtliche Gemeinschaft von der Schuldigkeit (debitum). Tut jemand etwas, was über seine Pflicht hinausgeht, nennt er das verdienstlich (meritum). (Vgl. Einleitung in die Metaphysik der Sitten AB 29) Zu beachten ist bei dieser Parallelisierung freilich, dass das Recht äußerlich zwingt, während der moralische Zwang ein innerlicher ist. Kant jedenfalls geht nicht weiter auf die Möglichkeit ein, dass man die moralischen Pflichten in einem Übermaß erfüllen kann. Dies wird später von anderen Philosophen als Versäumnis angemerkt. (Vgl. Urmson 1958, 207) Auch der Begriff der Supererogation findet sich nicht bei Kant.

Dieser Begriff geht auf das Gleichnis vom barmherzigen Samariter zurück. In Luk 10, 35 der Vulgatafassung der Bibel heißt es: »Curam illius habe, et quodcumque supererogaveris ego cum rediero reddam tibi.« In der Einheitsübersetzung lautet die Anweisung des Samariters an den Wirt: »Sorge für ihn, und wenn du mehr für ihn brauchst, werde ich es dir bezahlen, wenn ich wiederkomme.« Oder man könnte sagen, wie es in der Luther-Bibel von 1912 heißt: »Pflege sein; und so du was mehr wirst dartun, will ich dir's bezahlen, wenn ich wiederkomme.« Wie auch immer, es ist mit »Supererogation« die über das obligate Maß hinausgehende Mehrleistung gemeint. Man könnte demzufolge frei übersetzen: »Sorge für ihn, und wenn du deine Pflicht in einem Übermaß erfüllen wirst, werde ich es dir bezahlen, wenn ich zurückkomme.«

Es ist vielleicht nicht ganz unwichtig, sich dieses Gleichnis noch einmal zu vergegenwärtigen: »Ein Mann ging von Jerusalem nach Jericho hinab und wurde von Räubern überfallen. Sie plünderten ihn aus und schlugen ihn nieder; dann gingen sie weg und ließen ihn halb tot liegen. Zufällig kam ein Priester denselben Weg herab; er sah ihn und ging weiter. Auch ein Levit kam zu der Stelle; er sah ihn und ging weiter. Dann kam ein Mann aus Samarien, der auf der Reise war. Als er ihn sah, hatte er Mitleid, ging zu ihm hin, goss Öl und Wein auf seine Wunden und verband sie. Dann hob er ihn auf sein Reittier, brachte ihn zu einer Herberge und sorgte für ihn. Am andern Morgen holte er zwei Denare hervor, gab sie dem Wirt und sagte: Sorge für ihn, und wenn du mehr für ihn brauchst, werde ich es dir bezahlen, wenn ich wiederkomme.« (Luk 10, 30–35)

Der Samariter hat zunächst, im Gegensatz zum Priester und zum Leviten, seine moralische Pflicht erfüllt. Er hat dem Verletzten geholfen. Im umgekehrten Falle hätte er ein moralisches Recht, das Gleiche von anderen Mitgliedern der moralischen Gemeinschaft zu fordern. Auch der Wirt hat die moralische Pflicht, sich weiter um den Verletzten zu kümmern. Beide, der Samariter und der Wirt, könnten zudem etwas über ihre moralische Pflicht Hinausgehendes tun. Das Entscheidende dabei ist, dass die andere Seite der Medaille leer bleibt. Auf ihr ist kein moralisches Recht verzeichnet, das beide einfordern könnten. Man kann, wenn man in dieselbe Situation gerät, nicht verlangen, dass ein anderes Mitglied der moralischen Gemeinschaft genau so handelt, wie man es selbst getan hat. Man kann die moralischen Pflichten, die ein jeder nach der Auffassung der Deontologen hat, in einem Übermaß erfüllen, ohne dass sie zu objektiven moralischen Pflichten werden, das heißt zu solchen Pflichten, die die Mitglieder der moralischen Gemeinschaft sich wechselseitig schulden. Die supererogatorische Situation beginnt im Samaritergleichnis erst am anderen Morgen, als der Mann aus Samarien zwei Denare aus der Tasche holt und sagt, dass er das Übermaß an Pflichterfüllung bezahlen werde.

Sowohl in der Philosophie als auch in der Religion gibt es unterschiedliche Auslegungen des Begriffs der Supererogation. Die Verständnisweisen in der Philosophie lassen sich folgendermaßen klassifizieren (vgl. Mieth 2007, 8):

1. Supererogation wird als ein unzumutbares Maß an Pflichterfüllung gesehen (Mutter-Teresa-Modell).
2. Mit »Supererogation« wird eine Handlung umschrieben, deren Ausführung wir loben, deren Unterlassung wir aber nicht tadeln, zum Beispiel Geldspenden für die Hungernden dieser Welt.

Soweit die Debatte um die Supererogation in der Philosophie zu überblicken ist, begann James O. Urmson sie 1958 mit seinem Aufsatz »Saints and Heroes«. (Vgl. Heyd 2007, 1 und 5) Heilige wie Helden sind Menschen, die ihre moralische Pflicht in einem Übermaß erfüllen, die in Situationen handeln, die andere meiden würden. Es sind Handlungen, die über die Pflichten hinausgehen, die vom moralischen Standpunkt aus gesehen für alle gelten und die er »basic rules« oder »simple rules« nennt. (Vgl. Urmson 1958, 202, 211) Als Helden können wir beispielsweise jemanden ansehen, der eine explodierende Handgranate unter Einsatz seines eigenen Lebens wegwirft, um damit das Leben anderer zu retten (vgl. Heyd 2007, 1; Urmson 1958, 202 f.), oder einen Arzt, der sich unter Ansteckungsgefahr in einem von Seuchen heimgesuchten Gebiet um Patienten kümmert. (Vgl. Urmson 1958, 201) Als eine im nichtreligiösen Sinn Heilige (Urmson 1958, 199) wäre heute Mutter Teresa zu bezeichnen, die ihr eigenes Leben aufgibt, um anderen zu helfen. Heilige wie Helden erfüllen ihre Pflicht in einem unzumutbaren Maß. Anderen zu helfen oder deren Leben zu retten, ist zwar eine moralische Pflicht, zu deren Erfüllung es aber nicht gehört, dabei sein eigenes Leben aufs Spiel zu setzen. Einig sind sich aber alle von David Heyd vorgestellten Philosophen darin, dass die supererogatorischen Handlungen weit jenseits der Pflichterfüllung liegen. (Vgl. Heyd 2007, 19; Urmson 1958, 201) Urmson bezeichnet sie mehrmals als »higher flights of morality« (Urmson 1958, 211, 215). »A line must be drawn between what we can expect and demand from others and what we can merely hope for and receive with gratitude when we get it; duty falls on one side of this line, and other acts with moral value on the other, and rightly so.« (Urmson 1958, 213) Auf die letztgenannte Seite fallen beide oben genannten Klassifikationen, die man ganz allgemein für die verschiedenen Auffassungen, die in der Moralphilosophie zur Supererogation vertreten werden, vornehmen kann.

In der Religion finden wir folgende zwei Unterscheidungen:
1. Für Papst Johannes Paul II. ist die Supererogation ein Gebot, »das danach verlangt, auf sich zu verzichten ... ein Gebot, das alles menschliche Maß übersteigt« (Michalski 2005, 7). Gemeint ist die Selbstaufgabe im Sinne von Mutter Teresa.
2. Benedikt XVI. hingegen setzt gemäßigter an, ganz im Sinne der zweiten Auslegung, die wir in der Philosophie finden. In seiner Predigt beim Abschlussgottesdienst des Weltjugendtages sagte das derzeitige Kirchenoberhaupt, es wisse, dass die Jugend das Große wolle. Mutter Teresa kann ein Vorbild sein. Doch wir können nicht alle Mutter Teresa werden und Nächstenliebe als Selbstaufgabe verstehen. Darum empfiehlt Benedikt, niedriger und vor allem konkreter anzusetzen. »Wir dürfen zum Beispiel die alten Menschen nicht ihrer Einsamkeit überlassen, an den Leidenden nicht vorbeigehen. Wenn wir von Christus her denken und leben, dann gehen uns die Augen auf, und dann leben wir nicht mehr für uns selber dahin, sondern dann sehen wir, wo und wie wir gebraucht werden. Wenn wir so leben und handeln, merken wir alsbald, dass es viel schöner ist, gebraucht zu werden und für die anderen da zu sein, als nur nach den Bequemlichkeiten zu fragen, die uns angeboten werden.« (Benedikt XVI. 2005, 2)

Beide Auslegungen innerhalb der Religion bezeichnen – wie in der Philosophie – eine Handlung, die über das Maß der Pflichten hinausgeht, welche ein Mitglied der moralischen Gemeinschaft hat, und die Kant »verdienstlich« nennt. Wir loben eine solche Handlung, tadeln aber nicht deren Unterlassung.

Pluralistische Deontologie: William D. Ross

William D. Ross (1877-1971) will zeigen, dass nichts dafür spricht, dass sich die moralischen Pflichten nur aus einem einzigen Prinzip, wie bei Kant aus dem kategorischen Imperativ, speisen. (Vgl. Ross 2002, 24) Ross vertritt zwar wie Kant eine Sollensethik, aber im Gegensatz zu Kant keinen Monismus, sondern einen moralischen Pluralismus. Er geht der Tradition der analytischen Philosophie entsprechend nicht von Theorien, sondern von der Realität aus, wenn er utilitarismuskritisch sagt, dass sich der einfache Mann (plain man) in seinem Handeln nicht an den Folgen, sondern an dem orientiert, was er tun soll. Er handelt so, weil er es beispielsweise versprochen hat. Handelt er anders, ist es eine Ausnahme, etwa wenn er einem Freund versprochen hat, bei der Steuererklärung zu helfen, dann auf dem Weg zu ihm auf ein Unfallopfer trifft und es ins Krankenhaus bringt. Dann hält er sein Versprechen nicht, weil nach seiner Ansicht die Pflichterfüllung gegenüber dem Unfallopfer dringlicher ist. (Vgl. Ross 2002, 17f.) Hier liegt die typische moralische Dilemmasituation vor, in der zwei Pflichten miteinander kollidieren und eine Pflicht nur dadurch erfüllt werden kann, dass man eine andere verletzt, ähnlich der Situation, über die Kant sich mit Benjamin Constant auseinandersetzte. Man muss sich in einer solchen Situation Ross zufolge einen Überblick verschaffen und alle möglichen Informationen einholen, um entscheiden zu können, welche von den konkurrierenden Pflichten dringlicher oder höher zu bewerten ist. (Vgl. Ross 2002, 19)

Welche sind nun die nicht aus einem einzigen Prinzip ableitbaren Pflichten, die in Handlungssituationen aktuell werden können? Wir kennen als handelnde Menschen immer schon moralische Regeln (vgl. Ross 2002, 40), wobei die einfachen Menschen über die moralischen Regeln genauso gut informiert sind wie Moralphilosophen. (Vgl. Ross 2000, 311) Einer Moraltheorie zuliebe habe noch nie ein Mensch dieses moralische Wissen aufgegeben oder erst dann für richtig erachtet, wenn man es zuvor aus einer Grundnorm abgeleitet hat. (Vgl. Ross 2002, 40) Man weiß beispielsweise, dass es moralisch falsch ist, Menschen zu foltern. Unterlässt man es erst dann, wenn man geprüft hat, ob es dem kategorischen Imperativ zuwiderläuft? Nein, es bedarf keiner »tiefer gehenden« Begründung, um zu wissen, dass es falsch ist, Menschen zu foltern. (Vgl. Schaber 2001, 237)

Die Pflichten entspringen nicht ein und demselben Prinzip. Im einen Fall beispielsweise tut man etwas, weil man es versprochen hat; in einem anderen Fall, weil man ein Unrecht erkannt hat und den Schaden wiedergutmachen will. Wenn man nun nachdenkt und feststellt, dass ein Grund nicht auf den anderen rückführbar ist, dann sei nicht einzusehen, warum man dennoch der Auffassung sein sollte, dass eine solche Ableitung nötig ist. (Vgl. Ross 2002, 24)

Ross nennt die Pflichten, aus denen man die tatsächlichen Pflichten in einer Handlungssituation ableiten kann, die selbst aber nicht aus einem einzigen zugrunde liegenden Moralprinzip erwachsen, »Prima-facie-Pflichten«. Er stellt einen entsprechenden Pflichtenkatalog auf, ohne damit Vollständigkeit beanspruchen zu wollen. Allerdings ist dieser Katalog keineswegs willkürlich zusammengestellt, denn die in realen Situationen auftretenden Pflichten lassen sich regelmäßig auf Pflichten zurückführen, die Ross »Prima-facie-Pflichten« nennt. Er sagt selbst, dass der Ausdruck etwas unglücklich gewählt ist. Der Begriff könnte nahelegen, dass es sich nur auf den ersten Blick um eine moralische Pflicht handelt oder dass es eine besondere Art von Pflicht ist. Für Ross ist die Prima-facie-Pflicht hingegen »an objective fact involved in the nature of the situation« (Ross 2002, 20). Man könnte »objective fact« mit »soziale Tatsache« übersetzen, die analog zu den »objective facts«, den natürlichen Tatsachen der Naturwissenschaftler, zu sehen ist. An anderer Stelle spricht er von der Vergleichbarkeit mit mathematischen Axiomen. (Vgl. Ross 2002, 29, 32) Oder er sagt, dass die Daten der Ethik die moralischen Überzeugungen von reflektierten und gebildeten Menschen sind, so wie die Sinneswahrnehmungen die Daten für die Naturwissenschaften ergeben. (Vgl. Ross 2002, 41)

Hier nun zunächst die Aufzählung der Handlungseigenschaften beziehungsweise Prima-facie-Pflichten (vgl. Ross 2002, 21):

1. Wahrhaftigkeitspflicht (fidelity)
2. Wiedergutmachungspflicht (reparation)
3. Dankbarkeitspflicht (gratitude)
4. Pflicht verteilender Gerechtigkeit (justice)
5. Pflicht der Wohltätigkeit (beneficence)
6. Pflicht, die man sich selbst gegenüber hat, sich zu vervollkommnen (self-improvement)
7. Pflicht, anderen nicht zu schaden (nonmaleficence)

Neben allgemeinen Verpflichtungen, also der Pflicht zur Wahrhaftigkeit, zur Gerechtigkeit, zur Wohltätigkeit, zur Selbstvervollkommnung und der, anderen nicht zu schaden, bestehen nach Ross besondere Pflichten. Sie entspringen einer realen Situation. So die Dankbarkeitspflicht und die Wiedergutmachungspflicht. Sie ergeben sich aus Situationen, in denen man anderen Schaden zugefügt oder von anderen Gutes erfahren habe.

Wenn man nun seine Pflichten kennt, muss man in der realen Situation dennoch die Einzelhandlung im Blick haben, in der sich für den Handelnden seine konkreten Pflichten ergeben, die aus den Prima-facie-Pflichten erwachsen. Beispielsweise entspringe die Pflicht, sich an die Gesetze seines Landes zu halten, zum Teil aus der Dankbarkeitspflicht, denn man hat ja von seinem Land Wohltaten erhalten. (Vgl. Ross 2002, 27) Die Pflicht, Gesetze einzuhalten, ist demnach eine aus den Prima-facie-Pflichten abgeleitete eigentliche oder konkrete Pflicht in einer Handlungssituation.

In der Lebenssituation selbst muss man sich einen möglichst informierten Überblick verschaffen und dann entscheiden, welche Pflicht als höher anzusehen ist. Eine Regel dafür, welche Pflichten in jedem Fall als höherrangig zu bewerten sind, gibt Ross nicht an, außer der Vermutung, dass es für jeden evident sei, dass man eher seinen Wohltätern als seinen Feinden hilft oder dass man, bevor man für wohltätige Zwecke spendet, zuvor seine Schulden bezahlt, wenn man nicht beides zugleich tun kann. (Vgl. Ross 2002, 30) Kommt man zu der Auffassung, dass die moralischen Pflichten gleich stark sind, entgeht man dem Dilemma nicht durch Nichthandeln. Es wäre falsch, gar keiner Pflicht nachzukommen. Um die Pflichten gegeneinander abwägen zu können, gibt es allerdings keine Regel. Das Einzige, was man sagen könnte, ist, dass die kantischen »vollkommenen Pflichten« ein hohes Maß an Verbindlichkeit hätten. (Vgl. Ross 2002, 41 f.) Doch das hilft nicht viel weiter. Jeder Fall müsse aus sich selbst heraus beurteilt werden. Um die Pflichten gegeneinander abzuwägen, braucht man Urteils- und Einfühlungsvermögen. (Vgl. Ross 2002, 31)

Ist Ross' Theorie abzulehnen, weil er keine verbindliche Regel dafür angibt, wie man ein moralisches Dilemma löst? Darauf antwortet Ross lakonisch, dass monistische Theorien, wie die kantische Moralphilosophie, ebenfalls kein Instrumentarium bereitstellen, um solche Konflikte eindeutig lösen zu können. (Vgl. Ross 2002, 23) Auch sie lehnt man deshalb nicht ab. Kant selbst kam in große Schwierigkeiten, die Realität einer Situation, wie der, die er mit Constant diskutierte, einzuschätzen und zu einer Problemlösung zu kommen.

Noch einmal: Die konkrete Entscheidung in einer Dilemmasituation

In Anlehnung an Ross' Überlegung, dass man sich in einer konkreten Entscheidungssituation einen Überblick verschaffen und alle möglichen Informationen einholen und dann mit Urteils- und Einfühlungsvermögen entscheiden müsse, habe

ich ein anwendungsbezogenes Stufenmodell mit vier systematischen Schritten entwickelt, das hilfreich sein kann bei der Lösung moralischer Dilemmata. Zu klären ist:
1. Welche objektiven Pflichten stehen in Konkurrenz?
2. Welche Zusatzinformationen hat man im konkreten Fall?
3. Hat eine oder haben mehrere Pflichten für den in der Situation Entscheidenden Vorrang vor anderen und warum?
4. Kann man mit der angestrebten Entscheidung leben, das heißt, ohne rot zu werden in den Spiegel gucken?

Nehmen wir den konkreten Fall der Alicja Tysiac (vgl. Roser 2005) als Beispiel für die Anwendung dieses Stufenmodells: Vor dem Risiko der Erblindung bei einer erneuten Schwangerschaft hatten die Ärzte Alicja schon nach der Geburt ihres zweiten Kindes gewarnt. Ihre bislang sorgfältig durchgeführte Empfängnisverhütung scheiterte, als ein Kondom platzte. Alicja wurde schwanger. Sie stand nun vor der Entscheidung, ob sie das Risiko der Erblindung auf sich nehmen oder abtreiben solle. Alicja trägt bereits eine Brille mit einem Brechwert von 20 Dioptrien. Was sollte Alicja, die sich innerhalb ihres ersten Schwangerschaftsmonats entscheiden wollte, nun tun?

1. Der erste Schritt ist die Beantwortung der Frage, welche Pflichten hier angesprochen sind. Da ist zum einen der Schutz des ungeborenen menschlichen Lebens. Auf der anderen Seite stehen der Schutz der Gesundheit von Alicja und ihre Fürsorgepflicht gegenüber ihren beiden anderen Kindern.
2. Mögliche Zusatzinformationen sind von anderen Ärzten einzuholen, beispielsweise eine Antwort auf die Frage, ob eine Erblindung nicht doch zu vermeiden ist, etwa durch einen Kaiserschnitt.
3. Nun erst kommen die persönlichen Prioritäten ins Spiel. Je nach eigener Überzeugung, welche Pflicht schwerer wiegt, entscheidet man sich für die eine oder andere Seite, denn man kann in einer Dilemmasituation einer Pflicht nur dadurch nachkommen, dass man eine andere verletzt. Su-

sanne Boshammer spricht in diesem Zusammenhang überaus adäquat von unterschiedlichen »Gewichtsklassen« verschiedener moralischer Pflichten. (Vgl. Boshammer 2008a, 80)
4. Alicja muss die Entscheidung so treffen, dass sie mit ihr leben und ruhig schlafen kann. Diese Frage muss vorausschauend beantwortet werden.

Alicja muss dann, wenn sie einer Pflicht nachkommt, beispielsweise das Leben des Ungeborenen zu schützen, eine andere Pflicht verletzen, nämlich ihre Fürsorgepflicht für die beiden bereits geborenen Kinder. Das bedeutet nicht – das muss betont werden –, dass diese moralische Pflicht dadurch außer Kraft gesetzt würde. Sie bleibt weiterhin als objektive moralische Pflicht bestehen. Sie konnte nur in dieser einen Situation nicht befolgt werden, weil einer anderen Vorrang eingeräumt wurde. William D. Ross ist der Auffassung, dass man gegenüber denen, die von der Nichterfüllung der Pflicht betroffen sind, eine Wiedergutmachungspflicht hat, wie auch immer diese von Alicja Tysiac erfüllt werden könnte: für den Fall, dass sie sich für das dritte Kind entscheidet, möglicherweise so, dass sie den beiden anderen Kindern eine vergleichbar gute Versorgung sichert, wie sie ihnen zugekommen wäre, wenn die Mutter nicht erblindet wäre.

Utilitarismus

Der zweite Einwand von C gegenüber dem Ansinnen seines Freundes A, zum Fußballspiel gehen zu wollen, lautete: »Der Schaden, den B erleiden würde, würde das Vergnügen, das du erwartest, bei Weitem überwiegen.« C argumentiert utilitaristisch. Im Gegensatz zu einem Deontologen, der die unbedingte Erfüllung von Pflichten fordert, hat der Utilitarist die Wirkung der Handlung im Blick und verwahrt sich gegen einen »Prinzipienrigorismus«. (Pauer-Studer 2003, 38) »Die Folgenabwägung verbietet etwa, dass jemand aufgrund eines rigoros verstandenen Lügenverbots unschuldige Menschen ihren Verfolgern ausliefert.« (Pauer-Studer 2003, 38) Darum gilt der Utilitarismus als die klassische Gegenposition zur kantischen Deontologie. Das lateinische »utilitas« heißt übersetzt: Nutzen, Nützlichkeit, Vorteil oder Brauchbarkeit. Meist wird als utilitaristisches Prinzip, auf dem die Anleitung für moralisches Handeln beruht, Folgendes genannt: »Diejenige Handlung ist die beste, die das größte Glück der größten Anzahl zeitigt.« (Hutcheson 1986, 71) Doch nicht Francis Hutcheson (1694–1746), der bei der Abhandlung über den Sensualismus noch ausführlicher zu Wort kommen soll, wird als Begründer des Utilitarismus genannt. Im Grunde kann man bis auf die antike Philosophie Platons zurückgehen, doch Jeremy Bentham (1748–1832) war es, der als erster Philosoph in der Geschichte den Utilitarismus systematisch ausgearbeitet hat. Bentham schreibt den Beweis David Hume (1711–1776) zu, »[t]hat the foundations of all virtue are laid in utility« (Pauer-Studer 2007, 291).

Handlungsutilitarismus

Der Utilitarismus entstand in einer Zeit, in der er sich als eine sozialrevolutionäre Theorie verbreiten konnte. »Angesichts der damals bestehenden Konzentration von Macht und Reichtum in den Händen einer dünnen Schicht Privilegierter enthält die in das Kalkül übersetzte Maxime, jeden ohne Unterschied zu berücksichtigen, eine geradezu revolutionäre Gesellschaftskritik.« (Höffe 1981, 46) Und er richtete sich vor allem auch gegen die viktorianischen Moralgrundsätze. (Vgl. Williams 1978, 106)

Der Utilitarismus stimmt »zugleich mit einem allgemeinen Grundzug des Menschen überein [...]: mit dem Streben nach Glück« (Höffe 2003, 15). Für Jeremy Bentham ist das Streben nach Glück im Gegensatz zu Kant und in Übereinstimmung mit Aristoteles ein apodiktisch evidenter Beginn für die Entwicklung einer Moralphilosophie. Dieses Glücksstreben identifiziert Bentham mit dem hedonistischen Streben nach Lust, für ihn eine anthropologische Grundkonstante. (Vgl. Höffe 1981, 44) Unbrauchbar könnte der anscheinend evidente Ausgangspunkt für die Entwicklung einer Moralphilosophie allerdings werden, wenn das Streben nach individuellem Wohlergehen mit dem allgemeinen nicht übereinstimmt. (Vgl. Höffe 2003, 16) Denn einerseits ist dieses Streben individuell und andererseits zielt der benthamsche Utilitarismus auf die gleiche Berücksichtigung aller Menschen ohne Unterschied.

Jeremy Bentham zielte darauf ab – und darin zeigt sich sein sozialrevolutionärer Impetus sehr deutlich –, die gesamte Gesetzgebung, das Finanzwesen und die politische Ökonomie zu reformieren. Doch die Einleitung zu einem Gesetzbuch, das alles das beinhalten sollte, entwickelte sich während des Schreibens zu einer eigenen umfangreichen Schrift, in der die Grundzüge des Utilitarismus niedergelegt sind. (Vgl. Höffe 2003, 14) Es ist die Schrift mit dem Titel *Eine Einführung in die Prinzipien der Moral und der Gesetzgebung*.

Nun ist es schon auf den ersten Blick klar, dass es nicht einfach sein wird, bei einer moralischen Entscheidung das Glück aller als Ziel moralischen Handelns im Blick zu haben. Das sieht Jeremy Bentham selbstverständlich auch. Doch stellt er sich dieser Aufgabe mit Akribie. Entscheidend sind für ihn folgende sechs Merkmale, nach denen der Glückswert zunächst für jeden einzelnen Menschen berechnet werden soll (vgl. Bentham 2003, 80):
1. die Intensität und
2. die Dauer des Glücks
3. die Gewissheit oder Ungewissheit und
4. die Nähe oder Ferne des Eintritts
5. die Folgenträchtigkeit
6. die Reinheit einer Freude oder eines Leids

Hinzu kommt als siebtes Merkmal das Ausmaß, also die Frage, auf wie viele Personen sich die Freude oder das Leid erstreckt.

Nun soll man nach seiner Ansicht die Glückswerte eines jeden Einzelnen, der von der Handlung betroffen ist, mit einem bestimmten Faktor errechnen, sodass sich am Ende mathematisch genau ein kollektiver Gesamtnutzen ergibt. Der Gesamtnutzen hätte danach ein hohes Maß an Rationalität: Er muss größer beziehungsweise keinesfalls kleiner sein als bei einer anderen Handlungsmöglichkeit. Die Idee hat im 19. Jahrhundert der Nationalökonom Wilfredo Pareto (1848–1923) aufgenommen und in den Grundsatz gekleidet, den man seither Pareto-Superiorität nennt: Bei wirtschaftlichen Veränderungen muss mindestens ein Wirtschaftssubjekt bessergestellt werden, ohne dass sich gleichzeitig ein anderes verschlechtert. Ist der Zustand erreicht, dass sich nichts verbessern lässt, dann nennt man ihn pareto-optimal oder spricht vom Pareto-Optimum. John Rawls (1921–2002) wollte mit seinem zweiten Gerechtigkeitsgrundsatz den Gesamtnutzen dadurch erhöhen, dass zunächst die Schlechtergestellten bessergestellt werden: Neue Ungleichheiten müssten so beschaffen sein, dass sie den am wenigsten Be-

günstigten den größtmöglichen Vorteil bringen. (Vgl. Rawls 1975, 336)
Dass die Anwendung von Benthams Verfahren in jedem Einzelfall außerordentlich aufwendig und schwierig ist, ist ihm selbst klar. Darum sagt er einschränkend: »Es kann nicht erwartet werden, daß dieses Verfahren vor jedem moralischen Urteil und vor jeder gesetzgebenden oder richterlichen Tätigkeit streng durchgeführt werden sollte. Es mag jedoch immer im Blick sein, und je mehr sich das bei solchen Anlässen tatsächlich durchgeführte Verfahren diesem annähert, desto mehr wird sich ein solches Verfahren dem Rang eines exakten Verfahrens annähern.« (Bentham 2003, 81)
Der neben Bentham als zweiter Begründer des Utilitarismus geltende John Stuart Mill (1806-1873) knüpft an Benthams Identifizierung des Glücks mit dem hedonistischen Prinzip der Lust und Unlust an. Mill stellt heraus, dass es auch andere Formen von Lust gibt. Er will damit den Eindruck vermeiden, dass der Utilitarismus gegen wissenschaftliche, künstlerische und humanitäre Tätigkeit Partei ergreife. Bekannt ist Mills Sentenz: »Es ist besser, ein unzufriedener Mensch zu sein, als ein zufriedenes Schwein; besser ein unzufriedener Sokrates als ein zufriedener Narr.« (Mill 2003, 89) Damit macht er deutlich, dass »Lust« nicht ausschließlich körperlichen Genuss bedeutet, der durch Essen, Trinken, Sexualität und Ausspannen hervorgerufen wird. Mill vertritt mithin einen qualitativen Hedonismus. (Vgl. Höffe 1981, 47)
Wer kann nicht das intellektuelle Erleben nachempfinden, das manche Schülerinnen und Schüler haben, die den Weg, wie eine Mathematikaufgabe zu lösen ist, endlich begriffen haben und am Nachmittag zu Hause höchst lustvoll immer wieder neue Aufgaben derselben Art rechnen? Darum sagt Mill: »Die Anerkennung der Tatsache, daß einige Arten der Freude wünschenswerter und wertvoller sind als andere, ist mit dem Nützlichkeitsprinzip durchaus vereinbar.« Und weiter schlussfolgernd: »Von zwei Freuden ist diejenige die wün-

schenswertere, die von allen oder nahezu allen, die beide erfahren haben«, vorgezogen wird. (Mill 2003, 87 f.)
Der dritte Begründer des Utilitarismus, der sich wie Mill aber durchaus kritisch zum Utilitarismus äußert, ist Henry Sidgwick (1838-1900). Er geht bei seinen Überlegungen von der bestehenden moralischen Ordnung aus und will »diese Moral doch mit Achtung und Bewunderung betrachten: als ein wunderbares Naturerzeugnis, das Ergebnis eines jahrhundertelangen Wachstums, das in vielen Teilen ein ebenso feines Anpassen der Mittel an mannigfache Forderungen aufweist wie der vollendetste Aufbau physischer Organismen. Er [der Utilitarist] wird mit achtungsvoller Vorsicht damit umgehen als einem Mechanismus, der aus dem schwankenden Element der Meinungen und Neigungen zusammengesetzt ist und mit dessen Hilfe das gegenwärtige ›Quantum‹ des menschlichen Glücks beständig erzeugt wird.« (Sidgwick 2003, 115) Der Utilitarist nun habe die Pflicht, an der Verbesserung der bestehenden Moral mitzuwirken. (Vgl. Sidgwick 2003, 115) Dabei habe er mehr auf die Realisierung der Gerechtigkeit zu achten als auf die Gleichheit aller Menschen, die Bentham zu seiner Zeit richtigerweise ins Zentrum stellen musste, um der Bevorzugung einer privilegierten Schicht entgegenzuwirken. Jetzt hingegen »müssen wir uns mithilfe der utilitaristischen Methode vergewissern, wie weit Menschen in besonderen Verhältnissen eine Moral erfordern, die ihnen besser angepaßt ist, als der gemeine Menschenverstand ihnen zugestehen möchte, und wie weit Menschen von besonderer geistiger oder körperlicher Beschaffenheit von gewöhnlichen Regeln ausgenommen werden sollen, wie es mitunter für große Geister oder stark erregbare Naturen oder Menschen von ungewöhnlicher Klugheit und Selbstbeherrschung gefordert worden ist«. (Sidgwick 2003, 109)
Man kann abschließend sagen, dass Sidgwick das Regelsystem und nicht die einzelne Handlung in den Mittelpunkt seiner Betrachtungen stellt, um das Glücksstreben daran zu

orientieren: »Innerhalb der von der Moral gesteckten Grenzen wird er [der Utilitarist] versuchen, so viel Glück als möglich für sich und andere menschliche Wesen« zu realisieren. (Sidgwick 2003, 118) Sidgwick geht mithin bereits den Weg vom Handlungsutilitarismus zum Regelutilitarismus.

Regelutilitarismus

Diesen Weg hatte nach Ansicht von James O. Urmson John Stuart Mill schon beschritten. Urmson stellt Mill in seiner Interpretation als Regelutilitaristen vor und meint, Mill sei von anderen Interpreten missverstanden worden. Was ist ein Regelutilitarist? Ein Regelutilitarist bezieht das utilitaristische Prinzip nicht auf die einzelne Handlung, sondern auf die Handlungsregeln. Es solle beispielsweise geprüft werden, ob die moralische Regel, Versprechen zu halten, zu guten Konsequenzen führt, letztlich zur Glücksvermehrung. Davon kann man nicht nur allgemein ausgehen, sondern auch in unserem konkreten Fall. Wenn A seinem Freund B bei der Steuererklärung hilft, kann dieser sie pünktlich am nächsten Tag abgeben. Durch die kompetente Hilfe von A hat B ein gutes Gefühl. A hat zur Glücksvermehrung von B beigetragen. Zu vermuten ist, dass sein Handeln zudem sein eigenes Wohlergehen gesteigert hat: durch sein dadurch erzeugtes gutes Gewissen.

Urmson will in seinem 1953 publizierten Aufsatz zeigen, dass bereits John Stuart Mill ein Regelutilitarist war. Im Grunde ist Urmson selbst einer der Begründer des Regelutilitarismus. Sich auf Mill beziehend, stellt er vier Thesen auf, die die Position seines Regelutilitarismus kennzeichnen:

»1. Eine einzelne Handlung ist als richtig gerechtfertigt, wenn man zeigen kann, daß sie mit einer moralischen Regel übereinstimmt. Sie erweist sich als falsch, wenn man zeigen kann, daß sie eine moralische Regel verletzt.

2. Eine moralische Regel erweist sich als korrekt, wenn man zeigen kann, daß die Anerkennung dieser Regel das letzte Ziel befördert.
3. Moralische Regeln können nur im Hinblick auf Angelegenheiten gerechtfertigt werden, in denen das allgemeine Wohlergehen mehr als geringfügig betroffen ist.
4. Dort, wo keine moralische Regel anwendbar ist, stellt sich die Frage der Richtigkeit oder Falschheit bestimmter Handlungen nicht, doch kann der Wert der Handlungen auf andere Weise beurteilt werden.« (Urmson 2003, 126ff.)

Wir finden hier den Satz von Sidgwick ausgeführt, dass der Regelutilitarist innerhalb der Grenzen der Moral so viel Wohlergehen wie möglich für sich und andere realisieren soll. »Innerhalb der Grenzen der Moral« bedeutet, dass die moralischen Regeln bei Handlungsentscheidungen Berücksichtigung finden müssen. Doch zugleich werden die Handlungskonsequenzen in den Blick genommen: »Eine Lüge als Ausnahme von der Regel, die Wahrheit zu sagen, ist nur dann zulässig, wenn die Lüge einen größeren Schaden verhindert.« (Pauer-Studer 2003, 41) Eine solche Überlegung liegt dem Handlungsutilitarismus ebenfalls zugrunde. Insofern muss man Bernard Williams recht geben, wenn er keinen großen Unterschied zwischen Handlungs- und Regelutilitarismus sieht. (Vgl. Williams 1978, 102 und 1979, 86)

Präferenzutilitarismus

Jeder Mensch hat Präferenzen, die in Entscheidungssituationen gegeneinander abgewogen werden müssen. Richard Mervyn Hare (1919–2002) nennt folgendes Beispiel: Jemand hat sein Fahrrad an einer Stelle abgestellt, an der man selbst sein Auto parken möchte. Als Autofahrer weiß man, dass der andere nicht wünscht, dass man das Fahrrad zur Seite rückt. Man hat als Autofahrer dennoch weiterhin den Wunsch, das Fahrrad zur Seite zu stellen, um sein Auto parken zu können.

»Dieser letztere Wunsch bleibt infolge seiner größeren Stärke Sieger.« (Hare 1992, 170) Nun stelle man sich die Situation umgekehrt vor. Man hat selbst den Wunsch, dass das eigene Fahrrad nicht zur Seite gerückt wird, und erkennt in der Situation den stärkeren Wunsch des anderen, das Auto parken zu können. »Der letztere Wunsch wird der stärkere sein. Und somit werde ich in dieser anderen Situation der Überzeugung sein, daß das Fahrrad zur Seite gerückt werden sollte.« (Hare 1992, 171) Und Hare resümiert: »In beiden Fällen ist eben der Wunsch des Fahrradbesitzers, daß es gelassen wird, wo es ist, schwächer als der Wunsch des Autobesitzers, sein Auto parken zu können.« (Hare 1992, 171) Wie kommt Hare zu diesem Ergebnis?
Immer müssen zwei Präferenzen gegeneinander abgewogen werden. Dies geschieht in einem zweistufigen Modell: Hare ist der Auffassung, dass man das, was man zunächst intuitiv als richtig erkannt hat, vor den Richterstuhl des kritischen moralischen Denkens, das unterordnende Kraft hat, stellen muss. (Vgl. Hare 1992, 103 f.) Das moralische Denken soll es uns ermöglichen, diese Situation unparteiisch zu bewerten, uns in die Lage desjenigen zu versetzen, der andere Präferenzen hat als wir selbst, sodass wir zwischen den verschiedenen Präferenzen abwägen können. Somit wird klar, dass die Präferenz des Autofahrers schwerwiegender ist als die des Fahrradbesitzers. An dieser Art des Vorgehens ist zu erkennen, dass Hare mit gutem Recht auch als Begründer des Regelutilitarismus genannt wird. Er unterwirft die Entscheidung einer moralischen Regel, die auf die Folgen abstellt. Die Regel lautet: Es muss zugunsten der objektiv schwerwiegenderen Präferenzen entschieden werden. Auch als Präferenzutilitarist wird Hare zu Recht bezeichnet. Als Vertreter dieser spezifischen Form des Präferenzutilitarismus kann Hare selbstverständlich der Auffassung sein, dass zwischen Deontologie und Utilitarismus keine so tiefe Kluft besteht, wie auf den ersten Blick anzunehmen war. »Es besteht«, sagt Hare sogar weitergehend, »eine sehr enge Beziehung zwi-

schen Benthams ›Jeder zähle als einer, keiner mehr als einer‹ und Kants ›Handle nur nach derjenigen Maxime, durch die du zugleich wollen kannst, daß sie ein allgemeines Gesetz werde.‹« (Hare 1992, 43)
Bekannt geworden ist der Präferenzutilitarismus allerdings vor allem durch die Diskussion um den australischen Philosophen Peter Singer (*1946). In seiner Konzeption haben Präferenzen eine ähnliche Bedeutung wie bei Hare. Singer koppelt seine Form des Präferenzutilitarismus an den Begriff der Person. Dabei stützt er sich auf John Locke (1632–1704), der einen Unterschied zwischen Mensch und Person macht (vgl. Locke 1968, 427), so wie es später Niklas Luhmann treffend formulierte: »Menschen werden geboren. Personen entstehen durch Sozialisation und Erziehung.« (Luhmann 2002, 20) Locke definiert Person in folgender Weise: »Meiner Meinung nach bezeichnet dieses Wort ein denkendes, verständiges Wesen, das Vernunft und Überlegung besitzt und sich selbst als sich selbst betrachten kann. Das heißt, es erfaßt sich als dasselbe Ding, das zu verschiedenen Zeiten und an verschiedenen Orten denkt. Das geschieht lediglich durch das Bewußtsein, das vom Denken untrennbar ist und, wie mir scheint, zu dessen Wesen gehört.« (Locke 1968, 419)
Darauf bezieht sich Peter Singer, wenn er in seiner Theorie auf den lockeschen Personbegriff rekurriert. Eine Person ist für ihn »ein rationales und selbstbewußtes Wesen« (Singer 1984, 106). Und weiter: »Ein selbstbewußtes Wesen ist sich seiner selbst als einer distinkten Entität bewußt, mit der Vergangenheit und Zukunft.« (Singer 1984, 109) Nun erklärt Singer Folgendes: »Präferenz-Utilitarismus statt des klassischen Utilitarismus liegt vor, wenn wir unsere eigenen Interessen [...] universalisieren, [...], das heißt, wenn wir in einem plausiblen Schritt die Interessen einer Person als das nehmen, was sie, nach Abwägung aller relevanten Fakten, vorzieht. [...] Für Präferenz-Utilitaristen ist das Töten einer Person in der Regel schlimmer als das Töten eines anderen Wesens, weil ein Wesen, das sich nicht selbst als eine Wesen-

heit mit einer Zukunft sehen kann, keine Präferenz hinsichtlich seiner eigenen zukünftigen Existenz haben kann.« (Singer 1984, 112) Entscheidend ist für den Präferenzutilitaristen Peter Singer, dass eine Person Wünsche und Zukunftspläne haben kann. Eine solche Person hat den Wunsch oder die Präferenz weiterzuleben. Diese Präferenz muss gegen andere Präferenzen abgewogen werden. Sie wird sich – ähnlich wie in Hares Konzept – immer als stärker erweisen als die Präferenzen anderer Personen. Und darum ist es moralisch verwerflich, eine Person zu töten. Das, woran sich die Diskussion um Peter Singer entzündete, war die Frage, ob man Neugeborene töten dürfe. Nach seiner Definition lautet die Antwort: Ja, denn ein Neugeborenes ist noch nicht Person mit den genannten Eigenschaften, Wünsche und Zukunftspläne haben zu können. Eine solche wird es erst im Verlauf des ersten Lebensjahres. (Vgl. Singer 2001, 241)

Utilitarismuskritik: Bernard Williams

Bernard Williams (1929–2003) führt drei wesentliche Kritikpunkte gegen den Utilitarismus an: 1. der Unsicherheitsfaktor bei der Folgenabschätzung, 2. die Nichtberücksichtigung der psychischen Wirkung auf den Handelnden, 3. die Nichtberücksichtigung des Gerechtigkeitsgesichtspunktes. Alle drei Defizite diskutiert er an folgendem Beispiel: Der Journalist Jim kommt auf den Marktplatz einer südamerikanischen Kleinstadt. Dort stehen zwanzig Männer an der Wand. Sie sind wegen ihres Protests gegen die Regierung festgenommen worden und sollen erschossen werden, damit andere Oppositionelle dadurch abgeschreckt werden. Der Hauptmann des Erschießungskommandos sagt Jim, dass er dann, wenn Jim einen der Männer erschießen würde, die anderen laufen lasse. Wenn Jim das nicht tue, würden alle erschossen. (Vgl. Williams 1979, 61f.) »Aus Sicht einer strikten Auslegung der utilitaristischen Theorie scheint die Antwort auf dieses Beispiel klar« (Pauer-Studer 2003, 39): Schätzt man die Folgen ab, die eintreten, wenn Jim tatsächlich einen der Männer erschießt, muss man sagen, dass dieses Verhalten für das Wohlergehen der größtmöglichen Zahl sorgt. Einer stirbt, damit neunzehn andere leben können. Doch treten die Folgen wirklich ein? Hält der Hauptmann sein Wort? Das ist für einen, der so willkürlich handelt und mit Menschenleben spielt, zumindest höchst fraglich. Prognosen für die Folgen abzugeben, ist das erste von Williams angeführte Problem des Utilitarismus. (Vgl. Williams 1978, 102) Man habe nie genug Informationen, um sichere Vorhersagen zu treffen. Die Frage »Was passiert, wenn ...?« kann niemals mit Sicherheit beantwortet werden. Weiterhin ist zu fragen: Welche psychischen Wirkungen hat Jims Verhalten auf ihn selbst? Kann er damit leben, dass er etwas Unrechtes getan hat, um das Glück der größten Zahl zu vermehren? Kann er noch ruhig schlafen, kann er sich am nächsten Tag noch im Spiegel anschauen? Das sind Probleme, die der Utilitarist nicht berücksichtigt. (Vgl. Williams 1979, 64 f.) Der dritte Kritikpunkt ist die von Utilitaristen nicht beachtete Frage der Gerechtigkeit. Gegenüber dem Mann, der erschossen wird, ist die Tat höchst ungerecht. Er muss sterben, damit neunzehn andere leben können.

Kontraktualismus

Der dritte Einwand Cs gegen das Ansinnen von A, statt B bei der Steuererklärung zu helfen, lieber zum Europacupspiel zu gehen, lautet: »In unserer Gesellschaft ist man sich doch einig darüber, dass man Versprechen halten muss.« Demnach gibt es eine – wie auch immer geartete, hypothetische oder konstruierte – vertragliche Vereinbarung über moralische Regeln und deren Einhaltung. Die zwei bereits vorgestellten Theorien gehen von der Frage aus, wonach man sich beim moralischen Handeln richten soll. Der Utilitarismus sieht das Ziel des moralischen Handelns in den guten Folgen. Für die Sollensethik (Deontologie) ist moralisches Handeln dann gut, wenn man durch dieses Handeln die moralischen Pflichten unbedingt erfüllt. Beide Theorien gehen davon aus, dass es moralische Regeln gibt. Wir kennen diese Regeln, akzeptieren sie und handeln nach ihnen. Doch wie kommen diese moralischen Regeln zustande? Genau diese Frage stellen die Vertreter des Kontraktualismus, dessen Ursprünge genau wie die des Utilitarismus bis zur antiken Philosophie zurückverfolgt werden können. (Vgl. Kersting 1990, 216)
Die wohl bedeutendste Vertragstheorie in der Geschichte der Philosophie stammt in der Neuzeit von Thomas Hobbes (1588–1679). (Vgl. ausführlicher dazu Horster 2005, 87 ff.) »Er gründete die Moral auf einen virtuellen Vertrag«, den die Bürger, aus dem ungeregelten Naturzustand heraustretend, »frei miteinander geschlossen haben.« (Schmid Noerr 2006, 73) Die Staatsgründung beruht nach Hobbes »auf dem Vertrage eines jeden mit einem jeden, wie wenn ein jeder zu einem jeden sagte: ›Ich übergebe mein Recht, mich selbst zu beherrschen, diesem Menschen oder dieser Gesellschaft unter der Bedingung, daß du ebenfalls dein Recht über dich

ihm oder ihr abtrittst.‹« (Hobbes 1974, 155) Der allmächtige Staat, von Hobbes auch »Leviathan« genannt, ist die einzige Einrichtung, die für die Achtung und Einhaltung der natürlichen Gesetze erfolgreich Sorge tragen kann.
Hobbes nennt neunzehn höchst uneinheitliche Gesetze, die man als Grundlage moralischer Pflichten ansehen kann, wie etwa das fünfte Gesetz, dass »jeder den anderen nützlich werde«; das sechste schreibt vor, dass jeder »Beleidigungen vergeben [muss], sobald der Beleidiger reuevoll darum bittet und er selbst für die Zukunft sicher ist«; das achte besagt, dass »niemand durch Tat, Wort, Miene oder Gebärde Verachtung oder Haß« gegen andere zeigen dürfe. (Hobbes 1974, 135 ff.) Diese moralischen Regeln werden nach Hobbes vertraglich festgelegt und sind dann für alle verbindlich, die der moralischen Gemeinschaft angehören. Über ihre Einhaltung hat der Staat zu wachen. »Staat ist eine Person, deren Handlungen eine große Menge Menschen kraft der gegenseitigen Verträge eines jeden mit einem jeden als ihre eigenen ansehen, auf daß diese nach ihrem Gutdünken die Macht aller zum Frieden und zur gemeinschaftlichen Verteidigung anwende.« (Hobbes 1974, 155 f.) Der Staat hat Sanktionsgewalt, die er gegen jene richtet, die die Verträge nicht einhalten. Der Staat geht im philosophischen Kontraktualismus zurück auf die einvernehmliche und gemeinsame »Schaffung einer interessensichernden und rechtsdurchsetzenden Zwangs- und Herrschaftsordnung auf der Basis des wechselseitig verpflichtenden Verzichts aller auf die natürliche Freiheit« (Kersting 1990, 233).
David Hume, ein weiterer wichtiger Vertreter der neuzeitlichen Vertragstheorie, geht davon aus, dass die Menschen neben den je verschiedenen Interessen auch ein gemeinsames Interesse haben. Das ist die Sicherheit, sodass »jedermann in dem friedlichen Genusse dessen, was er durch Glück und Fleiß erwirbt, erhalten bleibt. Auf diese Art weiß jeder, was er sicher besitzen darf, und die Affekte werden in ihren parteiischen und einander widersprechenden Betäti-

gungsweisen eingeschränkt.« (Hume 1978, 233) Nach Hume kommen die Menschen zu einer Übereinkunft. Sie »beruht auf dem allgemeinen Bewußtsein des gemeinsamen Interesses; dies Bewußtsein geben sich alle Mitglieder der Gesellschaft wechselseitig kund und werden so veranlaßt, ihr Verfahren nach gewissen Normen zu ordnen.« (Hume 1978, 233) Die moralischen Normen sind Hume zufolge das Ergebnis einer solchen Übereinkunft.

Herlinde Pauer-Studer bezeichnet auch John Rawls als Vertragstheoretiker. Er bezieht sein Modell zwar auf seine Gerechtigkeitstheorie, doch lässt es sich auf die Begründung moralischer Prinzipien übertragen. (Vgl. Pauer-Studer 2003, 96) Rawls beginnt seine Überlegungen mit den Worten: »Wir wollen uns also vorstellen, daß diejenigen, die sich zu gesellschaftlicher Zusammenarbeit vereinigen wollen, in einem gemeinsamen Akt die Grundsätze wählen, nach denen Grundrechte und -pflichten und die Verteilung der gesellschaftlichen Güter bestimmt werden.« (Rawls 1975, 28) Dieser gemeinsame Akt ist der Vertragsschluss, zu dessen Zeitpunkt niemand weiß, welche Stellung er später in der Gesellschaft einnehmen wird, damit er sich nicht schon bei Vertragsschluss unlautere Vorteile verschafft. Rawls nennt diesen Zustand, in dem man nicht weiß, welchen Platz man später in der Gesellschaft haben wird, den »Schleier der Unwissenheit« (veil of ignorance). (Rawls, 1975, 159)

Gegen die Idee einer Vertragskonstruktion als Ausgangspunkt für die Begründung einer Staats- und Rechtsordnung mit Sanktionssystem gibt es freilich auch grundsätzliche Bedenken: Um einen Vertrag schließen zu können, müssen Rahmenbedingungen für die Möglichkeit des Schließens und Einhaltens von Verträgen vorhanden sein. Der Vertrag genügt sich nicht selbst. (Vgl. Durkheim 1988, 272) Verträge können überhaupt nur in einer höchst voraussetzungsvollen rechtlichen und moralischen Situation geschlossen werden. Wenn es keine Basisgarantien dafür gäbe, würde niemand Verträge schließen. Darum kann der Vertragsschluss für die Staats-

gründung zu keiner Zeit Ausgangspunkt sein, sondern muss sich immer auf anerkannte rechtliche Rahmennormen als Bedingungen der Möglichkeit von Verträgen beziehen. Verträge müssen realisiert, im Zweifelsfall eingeklagt und die Urteile durchgesetzt werden können. Kurz: Es muss bestimmt werden, »unter welchen Bedingungen sie rechtskräftig sind« (Durkheim 1988, 272). Dazu bedarf es einer bereits bestehenden Staats- und Rechtsordnung. Ein kontextloser Vertrag kann demnach logischerweise niemals Grundlage einer solchen Ordnung sein.
Unter den zeitgenössischen Kontraktualisten ist neben Rawls vor allem der Philosoph Peter Stemmer (*1954) hervorzuheben. Für ihn hat moralisches Handeln zwei Charakteristika: Erstens ist es ein Handeln zugunsten anderer und zweitens hat es den Charakter des moralischen Gefordertseins. Moralisches Gefordertsein ist kategorisch, und zwar unabhängig davon, welche Ziele derjenige verfolgt, an den sich die Forderung richtet. »Er muß so handeln, Punkt.« (Stemmer 2000, 11)
Stemmers Moralbegründung fokussiert die Zeit nach dem Theozentrismus, also die Zeit nach dem Ende einer religiösen Homogenität in Europa, wie es sie im Mittelalter und in der beginnenden Neuzeit gab. (Stemmer 2000, 7) Er bezieht sich zunächst auf Humes Grundkonzeption, die zweierlei beinhaltet: 1. Das Ziel des Handelns ist ausschließlich durch die Wünsche der Individuen bestimmt. 2. Die Vernunft ist die Dienstmagd der Wünsche. (Bei Hume heißt es: »Die Vernunft ist nur der Sklave der Affekte und soll es sein; sie darf niemals eine andere Funktion beanspruchen, als die, denselben zu dienen und zu gehorchen.« Vgl. Hume 1978, 153.) Stemmer geht in Humes Sinne von Individuen und deren Wünschen beziehungsweise Interessen aus und nicht vom sozialen Kontext, wenn er Moral konzeptualisiert. (Stemmer 2000, 20) Er lehnt es ausdrücklich ab, vom sozialen Kontext, vom Common Sense oder Status quo auszugehen, weil »praktische Rationalität [...] strikt individuell« sei. (Stemmer

2000, 21) Das Müssen ist nach seiner Ansicht immer auf ein individuelles Wollen bezogen.

Aus dem individuellen Wollen als apodiktisch evidentem Startpunkt seiner Theoriekonzeption entwickelt Stemmer den moralischen Kosmos in folgender Weise: Wenn jemand den letzten Bus bekommen will, muss er jetzt gehen. Daraus ergibt sich, dass ein Müssen immer rational ist, denn es wäre irrational, den letzten Bus erreichen zu wollen, jetzt aber nicht zu gehen. Das ist freilich noch kein moralisches Müssen. Wenn der Betreffende jetzt nicht geht, macht ihm niemand einen Vorwurf. Es ist in diesem Stadium noch eine Frage der Klugheit, jetzt zu gehen. Diese Konstruktion des Einzelwollens und Einzelmüssens bezieht Stemmer sodann auf das moralische Müssen. Er hat für eine Moralbegründung nun den Schritt vom einzelnen Menschen zum Sozialen zu tun. Das *moralische* Müssen ist auf andere Menschen bezogen. Andere könnten vom Gegenüber verlangen, etwas zu tun, zu unterlassen oder sich in bestimmter Weise zu verhalten. Der andere hat ein Recht, etwas zu fordern. Das moralische Müssen ist nach Stemmer ebenfalls auf ein Wollen bezogen. Welches Wollen oder Wünschen steht dahinter? Es ist das Wollen oder Wünschen, dass der andere sich in bestimmter Weise verhält, wenn er mit einem selbst in Interaktion tritt. Dieses Müssen, das von dem anderen gefordert wird, muss ebenfalls ein wechselseitiges sein, und selbstverständlich ist das Wollen, das hinter dem moralischen Müssen steht, ebenfalls ein wechselseitiges.

Wie wird nun der Raum des wechselseitigen Müssens im Kontraktualismus konstituiert? Im vormoralischen Raum gibt es bereits ein Müssen, ohne dass Sanktionen vorhanden sind. Für A ist es ein Gebot rationaler Klugheit, solche Handlungen gegen B zu unterlassen, von denen er wünscht, dass auch B sie ihm gegenüber unterlässt. A wünscht, dass B es unterlässt, ihn zu belästigen, zu kränken und zu verletzen. Das gilt selbstverständlich ebenso umgekehrt. Den anderen nicht zu verletzen, liegt im Horizont des Eigeninteresses. Es gibt – so argumentiert Stemmer – bereits bei Thomas Hobbes im vormoralischen Raum eine Dynamik weg von dem Zustand, dass jeder die Freiheit hat, alles zu tun, was er will, hin zu einem Zustand der reziproken Freiheitsbeschränkung. Man könnte von einem vormoralischen Zustand 1 und 2 sprechen. Zwischen beiden liegt laut Stemmer die Einsicht, dass die Koordination des Handelns der Menschen notwendig ist, um die jeweiligen Ziele zu erreichen. Man könnte sagen, dass man es im vormoralischen Raum 1 unterlässt, den anderen zu schädigen, weil man will, dass der andere das ebenfalls unterlässt. Es ist ein noch ungeregeltes Verhalten. Im vormoralischen Raum 2 entsteht die Einsicht in die Notwendigkeit von Koordination und Regelkonstitution. So entsteht ein »Zustand mit Strukturen kooperativer Ordnung« (Stemmer 2000, 93). Allerdings ist Stemmer zufolge der Zustand 2 immer noch ein Zustand ohne Moral. In diesem Zustand gibt es zwar Handeln zugunsten anderer, doch hat es noch nicht den Charakter des Gefordertseins. Dies aber ist für Stemmer das zweite Charakteristikum moralischen Handelns.

Was muss nun hinzukommen, um von einem moralischen Zustand sprechen zu können? Mit seiner Antwort greift Stemmer auf Hobbes zurück und benennt den zentralen Punkt seiner Vertragskonzeption: Das durch Sanktionen konstituierte Müssen ist das moralische Müssen. Die Etablierung von Sanktionen markiert für Stemmer den Übergang vom vormoralischen zum moralischen Raum. (Stemmer 2000, 101) Das prudentielle Müssen wird durch Sanktionen, durch künstliches Müssen verstärkt. Erst dann könnten wir von einem moralischen Zustand, in dem moralisches Handeln den Charakter des Gefordertseins annimmt, sprechen. (Stemmer 2000, 99) Und je härter die Sanktionen ausfallen, desto unwahrscheinlicher wird es, dass sich jemand amoralisch oder gar unmoralisch verhält. (Stemmer 2000, 95)

Mit der Errichtung eines Sanktionssystems optimieren die Mitglieder einer moralischen Gemeinschaft nach Auffassung

von Stemmer die Umsetzung ihres Wollens. Was bedeutet das nun konkret? Nehmen wir ein Beispiel von David Hume: Bauer A und Bauer B verabreden, sich wechselseitig beim Ernteeinholen zu helfen. »Dein Korn ist heute reif, das meinige wird es morgen sein. Es ist für uns beide vorteilhaft, daß ich heute bei dir arbeite und du morgen bei mir.« (Hume 1978, 268) Es liegt in der Natur der Sache, dass eine der Ernten zuerst eingebracht werden muss. Bauer A hilft zuerst Bauer B. Nachdem B die Ernte in seiner Scheune hat, sagt er A, dass er nun keine Lust mehr habe, ihm zu helfen. Er habe ja seine Ernte bereits eingefahren. Einen solchen Vertragsbruch begeht B höchstwahrscheinlich nur ein einziges Mal in seinem Leben, denn es treffen ihn nach einem solchen Verhalten sofort moralische Sanktionen. Welche sind das? Die moralischen Sanktionen bestehen in sozialer Ausgrenzung. (Stemmer 2000, 152) Bauer B grenzt sich durch sein Verhalten selbst aus. Er stellt sich außerhalb der moralischen Gemeinschaft. Ein Motiv, moralisch zu handeln, ist das Bedürfnis eines jeden Menschen, dazugehören zu wollen. (Vgl. Tugendhat 1993, 60) Wegen dieses Bedürfnisses riskieren die meisten Menschen den Vertragsbruch aus Furcht vor der genannten Sanktion der Ausgrenzung nicht.
Jemanden bei moralischem Fehlverhalten nicht mit Sanktionen zu belegen, ist laut Stemmer selbst schon wieder unmoralisch. Darum muss das Nicht-Sanktionieren selbst sanktioniert werden. Das verlangt der Vertrag. Neben die primäre Norm, man dürfe X nicht tun, tritt die sekundäre, dass man das Tun von X sanktionieren muss. Die Sanktion ist genauso Vertragsbestandteil. Entsprechend gibt es im bürgerlichen Recht Konventionalstrafen, die dann wirksam werden, wenn der Vertrag nicht erfüllt wird. Wir finden die entsprechenden Regelungen in den §§ 339 ff. BGB. Und in der Tat gehört das Sanktionieren zu unserer üblichen moralischen Praxis: »Wer es unterläßt, auf ein Unrecht sanktionierend zu reagieren, und mit dem Übeltäter so umgeht, als sei nichts geschehen, zieht selbst moralische Mißbilligung auf sich. Wir empören

uns über seine Gleichgültigkeit und sein Disengagement. Er hat etwas unterlassen, was er als Mitglied der moralischen Gemeinschaft hätte tun müssen. Als Mitglieder der Gemeinschaft können wir mithin voneinander fordern, ein Unrecht moralisch zu sanktionieren. Und damit hat das Opfer gegenüber den anderen einen Anspruch auf Solidarität in der Reaktion auf das ihm angetane Unrecht.« (Stemmer 2000, 156) Dieser Anspruch ist kein individueller, sondern einer der moralischen Gemeinschaft, denn wenn man durch das Sanktionieren die moralische Gemeinschaft nicht stabilisiert, ist man für deren Instabilität mitverantwortlich.

Und nun kommt der entscheidende Satz: Hinter dem moralischen Müssen steht nichts anderes als die Sanktionen und keine objektive moralische Ordnung. (Stemmer 2000, 158) Für Stemmer sind die Sanktionen in Anlehnung an Hobbes das Konstituens der moralischen Ordnung. Sanktionen sind zentraler Bestandteil der moralischen Gemeinschaft. Ohne ein Sanktionssystem können wir laut Peter Stemmer nicht von einer moralischen Gemeinschaft sprechen.

Wenn ein Mensch keine Sanktionen zu befürchten hat, muss er der stemmerschen Konzeption zufolge nicht moralisch handeln, denn erst durch das Sanktionssystem wird der moralische Raum konstituiert. Die kontraktualistische Theorie Stemmers ist analog zum Recht konstruiert. Rechtsnormen befolgt man häufig nur, weil man Sanktionen befürchtet. Das ist zuweilen im Straßenverkehr so: Man würde gern schneller fahren oder falsch parken und hätte kein schlechtes Gewissen dabei, aber man fürchtet das Strafmandat. Stemmer geht nun für das Handeln im Verborgenen davon aus, dass bis zu einem gewissen Grad eine Internalisierung eines solchen äußeren Drucks stattfindet. (Vgl. Stemmer 2000, 173) Man müsse darum auch im Verborgenen moralisch handeln, wenn man inneren Druck vermeiden will. (Vgl. Stemmer 2000, 174) Der Mensch sei ein Gewohnheitstier, selbst in moralischer Hinsicht. Man programmiere sich durch feste Handlungsgewohnheiten. »Man sollte sich zur Moral dispo-

nieren, weil man sich dadurch sehr viel Aufwand erspart.« (Stemmer 2000, 179)
Man reduziert laut Stemmer auf diese Weise die Komplexität einer Entscheidungssituation. Alexander Kluge hat einmal gesagt, dass der Mensch nur aus Bequemlichkeit gut sei. (Vgl. Kluge 2003, 65) Kurt Bayertz beginnt sein Buch *Warum überhaupt moralisch sein?* mit den Worten: »Die meisten Menschen handeln in den meisten Fällen moralisch. Sie tun dies, ohne zu klagen und ohne nachzudenken, denn das Moralische versteht sich immer von selbst.« (Bayertz 2004, 13) An diese Auffassungen könnte Stemmer bruchlos anschließen, denn jeder tut nach seiner Ansicht, wenn er moralisch handelt, offenbar etwas, was er eigentlich nicht tun will, bekommt aber etwas, was ihm wichtiger ist, nämlich, dass die anderen sich ebenfalls moralisch verhalten. (Vgl. Stemmer 2000, 190) Das ist nach meiner Ansicht höchst spekulativ. Und man kann deshalb nicht davon ausgehen, dass der Sanktionsdruck, von dem Stemmer ausgeht, so groß ist, dass jeder sich auch im Verborgenen tatsächlich moralisch verhält. Mit der Annahme eines etablierten Sanktionssystems steht und fällt die Moralkonzeption Stemmers und damit ist das »Unrechttun im Verborgenen« – wie ein Kapitel seines Buches überschrieben ist (Stemmer 2000, 162 ff.) – die Schwachstelle seines und überhaupt des kontraktualistischen Konzepts, abgesehen von der bereits angeführten generellen Kritik an den Vertragstheorien.

Funktionalismus

Cs vierter Einwand gegen As Plan, das Fußballspiel anzuschauen, lautete: Unser Zusammenleben würde nicht funktionieren, wenn man sich nicht mehr darauf verlassen könnte, dass Versprechen gehalten werden, ja, weitergehend, wenn wir moralische Regeln gar nicht mehr einhalten würden. Für die Beschreibung und Erläuterung dessen, was Moral nach Niklas Luhmann (1927–1998) in funktionaler Hinsicht leistet, gehe ich von der doppelten Kontingenz aus. Was ist das? Da menschliches Handeln heute nicht mehr allein an einer allgemeinverbindlichen und von allen akzeptierten christlichen Offenbarung ausgerichtet ist, hat jedes Individuum unendlich viele Handlungsalternativen, die weder notwendig noch unmöglich sind. (Vgl. Luhmann 1984, 152) Von den unendlich vielen Möglichkeiten wird *eine* Handlungsmöglichkeit gewählt; es könnte genauso gut eine andere sein – darin liegt die Kontingenz.

Die Kontingenz wird verdoppelt, wenn sich zwei oder mehrere Menschen gegenüberstehen, von denen jeder einzelne unendlich viele Handlungsmöglichkeiten hat. Die doppelte Kontingenz ist demnach die beiderseitige Ungewissheit hinsichtlich dessen, was die »andere Seite tun wird, und daraus folgt die Unbestimmtheit des eigenen Handelns« (Stichweh 1999, 215). Wenn aber nun jeder kontingent handelt, so Luhmann, »also jeder auch anders handeln kann und jeder dies von sich selbst und den anderen weiß und in Rechnung stellt, ist es zunächst unwahrscheinlich, daß eigenes Handeln überhaupt Anknüpfungspunkte [...] im Handeln anderer findet« (Luhmann 1984, 165). Dann wäre die Handlungskoordination höchst unwahrscheinlich, wenn nicht gar unmöglich. Luhmann zog zur Illustrierung folgendes Beispiel heran: Er stand in der Post und vor ihm am Schalter erklärte der Schal-

terbeamte einer Frau mit hartem östlichem Akzent wieder und wieder das Ausfüllen eines Formulars. Luhmann hatte das längst verstanden und bot der Frau an, ihr zu helfen. Sie gingen zu einem kleinen Tisch, wo er sich setzte, um das Formular auszufüllen. Er wollte das Formular nehmen, doch die Frau riss es an sich und rannte aus der Post. Das ist eine typische Situation der doppelten Kontingenz. Von vielen möglichen Handlungsalternativen haben die beiden jeweils eine gewählt, die vom anderen nicht erwartet wurde:
Welche Lösung bietet sich in einer so vertrackten Situation von doppelter Kontingenz an? Es ist die Systembildung. (Vgl. Luhmann 1984, 148 ff.; Baecker 2002, 11) In den Systemen bilden sich Strukturen. Es muss Regeln geben, auf die man sich in der Interaktion mit anderen verlassen kann, das heißt, es gibt die Erwartung, dass andere sich ebenfalls danach richten. Die anderen haben wiederum die Erwartung, dass man sich selbst danach richtet. Diese Sichtweise ist nicht weit von der Konstruktion der Vertragstheorie der Moral entfernt. Die Erwartungen und Erwartungserwartungen sind in den Sollensnormen enthalten, deren Summe wir Moral nennen. Für die Moral ist aber nicht ein einziges gesellschaftliches Subsystem, wie Wirtschafts-, Rechts- oder Erziehungssystem, reserviert, sondern sie ist ubiquitär. (Vgl. Luhmann 2008, 336) Das Sollen hat eine funktionale Unersetzlichkeit für die Gesellschaft, sagt Luhmann. Dabei wird die Frage aufgeworfen, welches Sollen gemeint ist: das moralische, das rechtliche oder das traditionelle? Wahrscheinlich sind es alle drei Sollensformen. (Vgl. Luhmann 2008, 46 f.) Die Funktion von Sollensnormen ist es, eine Struktur für die Interaktion zu bilden; seien diese Sollensnormen nun traditioneller, moralischer oder rechtlicher Art. Mit »Struktur« ist – wie gesagt – bei Luhmann das Netz von Erwartungen und Erwartungserwartungen gemeint. (Luhmann 2008, 32) »Höhere und verläßlichere Wahrscheinlichkeiten des Übereinkommens sind nur zu erreichen, wenn man den Erwartungshorizont des je aktuellen Erlebens einbezieht und das Verhalten über Erwar-

tungen koordiniert. Durch Stabilisierung von Verhaltenserwartungen läßt sich die Zahl der aufeinander abstimmbaren und damit die Zahl der überhaupt möglichen Handlungen immens steigern.« (Luhmann 2008, 28) Und wenn man weiß, was man erwarten kann, dann kann man es ertragen, dass den eigenen Erwartungen möglicherweise nicht entsprochen wird. (Luhmann 2008, 29) Diese Erträglichkeit von Unsicherheit führt selbstverständlich zu einer weiteren Stabilisierung der Interaktionen in unserer individualisierten Gesellschaft.

Die Erwartungen und Erwartungserwartungen liegen der Normbildung zugrunde. (Luhmann 2008, 31) Normen liegen in ganz abstrakter Form vor: Man soll seine Fürsorgepflicht erfüllen, man soll die physische und psychische Integrität von Menschen, die vom Handeln anderer betroffen sind, nicht verletzen. Auf diese Art und Weise wird das Sollen entpersonalisiert und anonymisiert. »Objektivität des Sollens ist mithin ein unentbehrliches Requisit der Erwartungsintegration im einzelnen Subjekt« (Luhmann 2008, 33), »denn es hat keinen Sinn, die Befolgung einer Norm zu verlangen, der zuzustimmen man nicht gehalten ist« (Luhmann 2008, 111), sondern über die man noch mal reden kann. Damit wendet Luhmann sich gegen die habermassche Konsensus- oder Diskurstheorie der Moral und weist auf deren Unlogik in diesem Punkt hin.

Im Anschluss an Johan Galtung differenziert Luhmann zwischen kognitiven und normativen Erwartungen. Bei normativen hat man sich lernresistent zu zeigen: Man sucht eine Sekretärin und lehnt die Bewerberin ab, weil sie nicht den Ansprüchen genügt, die an eine Sekretärin gestellt werden, nämlich mit Textverarbeitungsprogrammen umgehen und über interne Betriebsvorgänge anderen gegenüber verschwiegen sein zu können. Wenn man eine blonde Bewerberin erwartet, so handelt es sich um eine kognitive Erwartung. In einem solchen Fall hat man sich lernbereit zu zeigen. Man kann nicht das Umfärben der Haare erwarten. (Luhmann 2008, 36)

Moralische Regeln nun geben normative Erwartungen und Erwartungserwartungen vor. Ohne sie könnte das soziale Handeln nicht stattfinden. Durch sie werden die Spielräume der doppelten Kontingenz eingeschränkt, und man weiß, was man von seinem Gegenüber zu erwarten hat. Die vielen Handlungsmöglichkeiten, die jeder Mensch prinzipiell hat und die sich durch doppelte Kontingenz noch enorm vermehren, werden durch moralische Regeln – selbstverständlich auch durch Traditionen und durch das Recht – begrenzt. Dadurch, dass moralische Pflichten die Handlungsmöglichkeiten einschränken, werden die wechselseitigen Erwartungen und Erwartungserwartungen der Menschen erfüllt und der soziale Friede bleibt erhalten. Darin liegt die Funktion der Moral. Mit ihrer Hilfe darf man erwarten, was man erwartet.

Fassen wir zusammen: Die Moral hat für die Interaktion eine nicht zu unterschätzende, ja zentrale funktionale Bedeutung. Jede Interaktion müsste zusammenbrechen, wenn man sich nicht darauf verlassen könnte, dass Menschen pflichtgemäß handelten. Man wäre ständig in Unsicherheit, was der andere jetzt tun wird. »Für menschliches Zusammenleben ist es eben nicht gleichgültig, ob es objektive Pflichten gibt.« (Kutschera 1994, 254) Auch andere Philosophen konstatieren, dass ohne sie soziales Leben unmöglich wäre. (Vgl. Urmson 1958, 209)

Sensualismus und schottische Moralphilosophie

C belehrt A darüber, dass er wegen eines Fußballspiels ein Versprechen nicht brechen darf. Das müsse ihm sein Gefühl doch schon sagen. Die Betonung der Gefühle in der Ethik hat eine lange Tradition, die bei den schottischen Moralphilosophen Shaftesbury (1671–1713), Hutcheson (1694–1746), Reid (1710–1796), Hume (1711–1776) und Smith (1723–1790) ihre Blütezeit hatte. Shaftesbury war der Erste in dieser schottischen Philosophietradition, der die moralischen Affekte untersuchte. Ihm zufolge war das Gefühl für das moralisch Richtige zugleich ein Affekt und eine Art der Reflexion. Nach Shaftesburys Auffassung gibt es sowohl auf das Selbst wie auf die Gemeinschaft bezogene Affekte. Tugendhaft ist der Mensch, der diese verschieden gerichteten Affekte in Harmonie zu bringen weiß. Diese Tugend heißt bei Shaftesburys Schüler Francis Hutcheson »Moral Sense«. Die Idee der Harmonie von privaten und aufs Öffentliche bezogenen Affekten bildet die Grundlage für diese schottische Ethiktradition, in der auch Thomas Reid, David Hume und Adam Smith stehen.
Bei Hutcheson liegt erstmals eine systematische Theorie der ethischen Gefühle vor. Er argumentiert gegen den eine egoistische Ethik vertretenden Autor der *Bienenfabel*, Bernard de Mandeville, und er fragt, wie denn bei allem Egoismus zu erklären sei, dass Menschen altruistisch handeln und »Dankbarkeit, natürliche Zuneigung, Großzügigkeit, Gemeinsinn oder Mitleid« zeigen könnten. (Hutcheson 1984, 8) Dafür würden verschiedene Argumente angeführt, unter anderem, dass es unter bestimmten Umständen vernünftig sei, sich altruistisch zu verhalten. (Vgl. Hutcheson 1984, 17 f.) Dagegen wendet Hutcheson ein, dass man mittels Vernunft zwar er-

kennen könne, welche Handlungen in Übereinstimmung mit dem Gemeinwohl stünden und welche dem Eigennutz dienten. Dennoch hätten wir bereits vor einer solchen intellektuellen Erkenntnis ein Gefühl dafür, was moralisch richtig und was falsch sei. (Vgl. Hutcheson 1984, 33) Wir könnten in jeder Lebenssituation für uns selbst erproben, dass es ein moralisches Gefühl oder einen moralischen Sinn gebe, wenn wir unser »eigenes Herz zu Rate« zögen. (Hutcheson 1986, 13) Darum würden wir als »vernünftig« etwas bezeichnen, was vor einer verständigen Prüfung schon mit unserem moralischen Sinn als richtig ausgezeichnet würde. Als »unvernünftig« würde demnach gelten, was wir mit unserem moralischen Sinn als falsch und missbilligenswert bezeichneten. (Hutcheson 1984, 37f.) Wir halten mittels dieses moralischen Sinns etwas für richtig, ohne es nach naturwissenschaftlichem Vorbild begründen zu können. »Wahrscheinlich besitzen alle Menschen einen moralischen Sinn, der bewirkt, daß allgemein nützliche Handlungen und wohlwollende Neigungen dem Handelnden und jedem Beobachter angenehm sind.« (Hutcheson 1984, 28; vgl. auch 16) »Damit hat der Common Sense auch eine soziale Funktion: Die Verantwortlichkeit gegeneinander und gegenüber dem Gesetz ist von dieser Grundkomponente des kognitiven Erhellens der Um- und Mitwelt getragen.« (Hage 2007, 42) Der moralische Sinn ist für Hutcheson ein Sinnesorgan, wie Auge und Ohr, das moralische oder unmoralische Handlungen wahrnehmen kann. (Vgl. Leidhold, in: Hutcheson 1986, XLI)

Doch woher wissen wir, dass unser moralisches Gefühl uns nicht täuscht? Darauf antwortet Hutcheson, dass wir das dann wüssten, wenn wir uns unseres Gefühls bewusst würden, denn wir wüssten ja auch, dass wir uns freuen, wenn wir uns freuen. Und woher wissen wir, dass wir immer das billigen werden, was wir jetzt in diesem Moment billigen? Das wissen wir, weil der moralische Sinn etwas ist, was wir natürlicherweise haben. Er werde nicht eines Tages einfach verschwinden, genauso wenig, wie die Gravitation verschwinden werde. (Hutcheson 1984, 68) Und woher wissen wir, dass alle anderen das billigen, was wir billigen? »Was das angeht, können wir nach keiner Theorie sicher sein. Aber es ist sehr wahrscheinlich, daß die Sinne aller Menschen ziemlich gleichartig sind.« (Hutcheson 1984, 69) Dass alle Menschen ein moralisches Empfinden haben, zeigt sich für Hutcheson durch einen Blick in die Geschichte und den Vergleich aller Völker miteinander. (Hutcheson 1984, 65) Insofern ist der Grund für moralisches Handeln bei Francis Hutcheson ein universales Prinzip, das allen gemeinsame moralische Gefühl.

Für Hutcheson ist dabei evident, dass die »Wahrnehmung des moralisch Guten sich nicht aus Gewohnheit, Erziehung, Beispiel oder Übung herleitet« (Hutcheson 1986, 29). Die – laut Hutcheson – irrige Auffassung, moralisches Verhalten sei ein Produkt der Erziehung, entstehe dadurch, dass Kinder sich erst später zu unterschiedlichem moralischem Verhalten äußerten. (Vgl. Hutcheson 1986, 7) Für Hutcheson ist den Menschen der »Moral Sense« vom Schöpfer gegeben worden und somit eine »Veranlagung unseres Geistes« (Hutcheson 1986, 29). Ähnlich übrigens Thomas Reid: »This inward light or sense is given by heaven.« (Reid, zit. nach Hage 2007, 42) Erst Adam Smith konstatiert, dass die Ursachen für die Ausstattung des Menschen mit moralischen Gefühlen in unserer Sozialisation und Erziehung liegen. Hierin besteht der entscheidende Unterschied zwischen Hutcheson und Smith.

Wie erfährt man, ob ein Affekt stark genug ist, sodass man sich beim moralischen Handeln auf ihn verlassen kann? Adam Smith meint durch Sympathie, und Sympathie bedeutet bei ihm das Teilen der Gefühle mit anderen und das verstandesmäßige Reflektieren darüber. (Vgl. Raphael 1991, 40) Sympathie ist für Smith »die Disposition, angesichts der Freude oder des Glücks anderer selbst Freude zu fühlen und angesichts ihres Leids oder Elends Leid zu empfinden« (Eckstein, in: Smith 1977, LXI). Nun ist nicht jedwedes Gefühl im Sympathiekonzept von Smith gemeint, sondern das Gefühl angesichts einer moralischen oder unmoralischen Handlung, und das in zweierlei Hinsicht. Zum einen meint Smith das Gefühl, das jemand bezogen auf den Handelnden habe, und zum anderen das Mitgefühl, das man mit dem von der Handlung Betroffenen empfindet. Im Blick steht dabei die gesamte Situation. Für Adam Smith gilt: »Sympathie entspringt [...] nicht so sehr aus dem Anblick des Affektes, als vielmehr aus dem Anblick der gesamten Situation, die den Affekt auslöst.« (Smith 1977, 6) Zwei Beispiele dafür: »Wenn ich mit ansehe, wie Alma Fröhlich einer gehbehinderten alten Dame über die Straße hilft, ›sympathisiere‹ ich mit ihrer Freundlichkeit und billige ihr Tun folglich als richtig.« Darüber hinaus »sympathisiere« ich mit der Dankbarkeit, die die alte Dame empfindet. »Wenn ich auf der anderen Seite Hans Grämlich sehe, der nach einer Katze tritt, die ihm vor die Füße läuft, empfinde ich Antipathie gegen Grämlichs mürrische Laune und Sympathie mit dem Groll der Katze.« (Raphael 1991, 41) Die gesamte Situation im Blick zu haben, heißt: »Die Empfindungen oder die Neigung des Herzens« müssen stets von »zwei verschiedenen Gesichtspunkten« her betrachtet werden, »erstens in Beziehung auf die Ursache, die sie hervorrief, oder den Beweggrund, der sie veranlaßte, und zweitens in Beziehung auf den Endzweck, auf den sie hinzielt, oder die Wirkung, die sie hervorzubringen strebt.« (Smith 1977, 17) – Doch eine Übereinstimmung der Gefühle, meint Smith weiter, wird man selten erlangen, denn der, der gerade von der Handlung anderer so oder so betroffen ist, wird das vermutlich affektiv stärker erleben als der unbeteiligte Beobachter. (Vgl. Smith 1977, 23 f., 44, 202) Unsere Empfindung ist bei uns nahestehenden Personen stärker als bei fremden Menschen. Das sind alles subjektive Momente, die die Beurteilung der Stärke eines Affekts bestimmen.

Damit man objektiv beurteilen kann, welcher Affekt die richtige Intensität hat, führt Smith den unparteiischen Beobachter ein. (Vgl. Raphael 1991, 45) Um ein solcher Beobachter sein zu können, muss man sich zum einen als selbst

Betroffener in die Lage eines Beobachters versetzen, zum anderen muss man die Grundtugenden der Sensibilität oder Feinfühligkeit und der Selbstbeherrschung ausgebildet haben (vgl. Smith 1977, 23, 29), und drittens dienen einem alle anderen als Spiegel. Die beiden ersten Momente sind selbsterklärend. Zum dritten Moment: Über äußere Schönheit und Hässlichkeit eines Menschen gibt ihm ein realer Spiegel Auskunft, nicht aber »über seinen Charakter, über die Schicklichkeit oder Verwerflichkeit seiner Empfindungen. [...] Bringe jenen Menschen in Gesellschaft anderer und er ist sogleich mit dem Spiegel ausgerüstet, dessen er vorher entbehrte. Dieser Spiegel liegt in den Mienen und in dem Betragen derjenigen, mit denen er zusammenlebt, die es ihm stets zu erkennen geben, wenn sie seine Empfindungen teilen, und wenn sie sie mißbilligen; hier erst erblickt er zum erstenmal die Schicklichkeit und Unschicklichkeit seiner eigenen Affekte.« (Smith 1977, 167f.) Die so verstandene Sympathie, das Teilen der angemessenen Gefühle für die Situation, hat laut Adam Smith soziale Bindungswirkung. (Vgl. Raphael 1991, 43) Das hat zur Folge, dass man Empörung empfindet, wenn jemand unmoralisch handelt, und Scham und Schuld, wenn man selbst gegen moralische Normen verstößt. Letzteres, die Eigenbeobachtung bei moralischen oder unmoralischen Handlungen, ist laut Adam Smith auf folgende Weise möglich:

»Wir stellen uns uns selbst als die Zuschauer unseres eigenen Verhaltens vor und trachten nun, uns auszudenken, welche Wirkung es in diesem Lichte auf uns machen würde. Dies ist der einzige Spiegel, der es uns ermöglicht, die Schicklichkeit unseres eigenen Verhaltens einigermaßen mit den Augen anderer Leute zu untersuchen. [...] Wenn ich mich bemühe, mein eigenes Verhalten zu prüfen, wenn ich mich bemühe, über dasselbe ein Urteil zu fällen und es entweder zu billigen oder zu verurteilen, dann teile ich mich offenbar in all diesen Fällen gleichsam in zwei Personen. Es ist einleuchtend, daß ich, der Prüfer und Richter, eine Rolle spiele, die verschieden ist von jenem anderen Ich, nämlich von der Person, deren Verhalten geprüft und beurteilt wird. Die erste Person ist der Zuschauer, dessen Empfindungen in bezug auf mein Verhalten ich nachzufühlen trachte, indem ich mich an seine Stelle versetze und überlege, wie dieses Verhalten mir wohl erscheinen würde, wenn ich es von diesem eigentümlichen Gesichtspunkt aus betrachte. Die zweite Person ist der Handelnde, die Person, die ich im eigentlichen Sinne mein Ich nennen kann, und über deren Verhalten ich mir – in der Rolle eines Zuschauers – eine Meinung zu bilden suche.« (Smith 1977, 170 f.)

Die innere Instanz, die jemandem Auskunft über das richtige Verhalten gibt, ist für Adam Smith das Gewissen. (Vgl. Smith 1977, 199 ff.) Gewissensbisse sind für ihn die »fürchterlichsten von allen Gefühlen, die von eines Menschen Brust Besitz ergreifen können. In ihnen wirken zusammen die Scham, die aus dem Gefühl der Verwerflichkeit unseres früheren Verhaltens entsteht, der Kummer über die Wirkungen dieses Betragens, das Mitleid mit denen, die dadurch leiden, sowie Angst und Schrecken vor der Strafe, die aus dem Bewußtsein entspringen, den gerechten Zorn und den Vergeltungstrieb aller vernünftigen Wesen herausgefordert zu haben. Das entgegengesetzte Verhalten erregt naturgemäß entgegengesetzte Gefühle.« (Smith 1977, 126) Mit dem »entgegengesetzten Verhalten« meint Smith das moralisch richtige Verhalten, das die Achtung der Mitmenschen zur Folge hat und somit ein Gefühl der »Fröhlichkeit, Heiterkeit und Seelenruhe« (Smith 1977, 127) oder der »Zufriedenheit« (Smith 1977, 250) bewirkt. Die Ausbildung des Gewissens geschieht auf vielfältige Weise in der Sozialisation, durch »Spielkameraden und Gefährten« (Smith 1977, 215), durch »Gewohnheit« (Smith 1977, 218), durch »fortgesetzte Beobachtungen, die wir über das Verhalten anderer Menschen machen« (Smith 1977, 238), durch »Erziehung« (Smith 1977, 241, 342). Anders als Francis Hutcheson ist Adam Smith also der Auffassung, dass der »Moral Sense« durch Sozialisation und Erziehung entsteht.

David Hume, der sich ebenfalls auf Francis Hutcheson bezieht, betont wie Adam Smith die Bedeutung der Affekte und Gefühle. Der berühmt gewordene Satz aus seiner Moralphilosophie, der auch den Ausgangspunkt für den stemmerschen Kontraktualismus bildet, lautet: »Die Vernunft ist nur der Sklave der Affekte und soll es sein; sie darf niemals eine andere Funktion beanspruchen, als die, denselben zu dienen und zu gehorchen.« (Hume 1978, 153) Das muss näher erläutert werden. Hume ist sich sicher, dass nicht die Vernunft, sondern das Gefühl über das sittlich Gute und Böse entscheidet. Doch diese beiden Ursachen vermischen sich bei unseren sittlichen Urteilen, sodass wir sie nicht genau differenzieren können. (Vgl. Hume 1978, 343) »Die Vernunft ist nach Hume passiv. Sie zeigt lediglich den Zusammenhang von Ursachen und Wirkungen auf und informiert uns, welche Mittel angemessen sind, um bestimmten Affekten und Begehren Genüge zu tun. Moralisches Handeln beruht hingegen auf einem aktiven Prinzip. […] Die für den ethischen Rationalismus charakteristische These eines Antagonismus von Vernunft und Gefühl weist er zurück. Die Vernunft hat keinen Vorrang vor den Empfindungen. Denn die Vernunft allein kann nach Hume niemals das Motiv eines Willensaktes bilden, sie kann nicht die Richtung des Willens bestimmen und sich auch nicht den Affekten entgegenstellen. Der Verstand allein vermag nicht die Ziele des Wollens vorzugeben.« (Pauer-Studer 2007, 234 f.) Gemeint ist bei Hume immer die theoretische Vernunft oder der Verstand, nicht die praktische Vernunft. Das Gefühl sagt uns, was moralisch richtig und was falsch ist, der Verstand, wie das als richtig Erkannte realisiert wird.

Sympathie und Mitgefühl sind für Hume die Basis für moralisches Handeln. Man empfindet für nahestehende Personen anders als für Fremde. »In der Tat haben wir mehr Mitgefühl mit Menschen, die uns nahe stehen, als mit fernstehenden, mehr mit unseren Bekannten als mit Fremden, mit unseren Landsleuten als mit Ausländern.« (Hume 1978, 334) Doch müssen wir in Bezug auf diese Basis Modifikationen vornehmen, denn man könne für fernstehende Menschen auch Sympathie und Mitgefühl entwickeln, wenn man deren Schicksal hautnah erlebe. Verstandesmäßig weiß man, so Hume, dass es jederzeit Menschen gibt, »die bei Sturm auf See« sind. Das wird bei einem nicht dieselbe Wirkung erzeugen, die es hat, wenn man an der Küste steht und fremde Menschen in Seenot sieht, die zu sterben drohen. (Vgl. Hume 1978, 348) Auch für diese fremden Menschen entwickelt man dann Mitgefühl.

Was aber ist mit den vielen Menschen, die irgendwo auf der Welt in Hunger und Armut leben, die man gar nicht kennt und für die unser moralisches Empfinden schwächer ist als gegenüber uns nahestehenden Personen? Um diesem Problem von Nähe und Ferne in der Moralphilosophie begegnen zu können, hat Hume zweierlei Tugenden unterschieden: die natürlichen Tugenden und die künstlichen Tugenden, wie Gerechtigkeit, Recht und Eigentumsordnung. Diese Tugenden »schaffen wir aus Gründen des Selbstinteresses; sie garantieren geordnete und friedliche gesellschaftliche Verhältnisse« (Pauer-Studer 2007, 233). Die letztgenannten Tugenden sind der Ursprung für die Achtung, die wir den anderen, uns fremden Menschen auf der Welt, entgegenbringen. Diese Achtung entspringt nicht dem Mitgefühl, sondern dem diesen künstlichen Tugenden zugrunde liegenden Prinzip der wechselseitigen Akzeptanz. (Vgl. Hume 1978, 334)

Festzuhalten ist, dass für die sensualistische Moralphilosophie das moralisch Richtige mittels des Gefühls erkannt wird. Wie wir nun das von uns erkannte moralisch Richtige am besten in moralisch richtiges Handeln umsetzen, das sagt uns der Verstand. Bei allen schottischen Moralphilosophen liegt eine sehr ähnliche Konzeption vor, die meines Erachtens bei Adam Smith und bei David Hume die genaueste und ausführlichste Ausarbeitung erfahren hat. Alle sind sich, wie es bei dieser Position nicht anders sein kann, in der Ablehnung von objektiven Werten und Normen einig. – Hier beschränke ich mich auf die Darstellung und verzichte auf eine kritische Auseinandersetzung mit den schottischen Moralphilosophen; verwiesen sei auf das Kapitel »Die Objektivität von Werten und Normen«. Die dort besprochenen und kritisierten Nonkognitivisten Ayer und Stevenson sind ebenfalls Sensualisten oder Emotivisten. (Vgl. auch Ernst 2008, 82)

Gut und Böse

Bisher war vom richtigen moralischen Handeln die Rede, das in den unterschiedlichen normativen Theorien verschieden begründet wird. Das Abweichen davon, das Böse, ist in der Philosophie nicht annähernd so ausführlich behandelt worden wie das richtige moralische Handeln, das Gute. Die Entgegensetzung von Gut und Böse eröffnet einen weiteren Zugang zum genaueren Verständnis dessen, was Moral ist.
In den bislang abgehandelten normativen Theorien wurden unterschiedliche Gründe dafür genannt, warum man ein Versprechen halten soll. Dennoch ist jedem das Abweichen von dieser Sollensnorm schon in irgendeiner Form begegnet. Was die Gründe für die Nichtbefolgung moralischer Regeln sind, soll in diesem Kapitel behandelt werden. Und noch mehr: Es wird überdies vom radikal Bösen die Rede sein. Doch zunächst zur Philosophiegeschichte: Wie begann eigentlich die Diskussion über die Kontrarietät von Gut und Böse?

Ein Blick in die Philosophiegeschichte

In der Frühzeit des Christentums irritierte es die Menschen, dass es das Böse überhaupt gab. Wie konnte das sein, da doch Gott die Welt geschaffen hatte? Gott wollte das Gute; wieso gibt es dann in der von ihm geschaffenen Welt das Böse? Sicher war, dass Gott nicht der Urheber des Bösen sein konnte, weil er als gut und allmächtig galt und darum die Macht hatte, das Gute und allein das Gute in die Welt zu bringen. Darum musste es eine andere treffende Erklärung für die Existenz des Bösen in der Welt geben. Eine bot Augustinus (354–430) an, indem er die Erbsündenlehre »erfand«, die Luther später aufgriff und radikalisierte. (Vgl. Jonas 1965, 24 f.) Dafür konnte Augustinus sich auf eine Stelle im Römerbrief (5, 12 und 14) berufen, die lautet: »Durch einen einzigen Menschen kam die Sünde in die Welt und durch die Sünde der Tod und auf diese Weise gelangte der Tod zu allen Menschen, weil alle sündigten. [... Es] herrschte der Tod von Adam bis Mose auch über die, welche nicht wie Adam durch Übertreten eines Gebots gesündigt hatten; Adam aber ist die Gestalt, die auf den Kommenden hinweist.«

Die augustinische Theorieentwicklung wird in drei Phasen gegliedert. (Vgl. Jonas 1965, 23) In der letzten, seiner antipelaginischen Phase, ist es für ihn unstrittig, dass der Mensch böse auf die Welt kommt und erst durch Gottes Gnade überhaupt gut werden kann. Dafür als Beleg eine Stelle aus seinen *Bekenntnissen*: »Ist doch niemand vor dir von Sünde rein, auch kein Kindlein, das nicht älter ist als einen Tag. [...] Mit eigenen Augen sah und beobachtete ich einmal eines Knäblein Eifersucht. Es konnte noch nicht sprechen und schaute doch blaß, mit bitterbösem Ausdruck auf seinen Milchbruder.« (Augustinus 1982, 38 f.) Daraus leitete Augustinus die Notwendigkeit der Taufe ab, durch die der Mensch von der Sünde befreit werden sollte. (Vgl. Flasch 1980, 195) Und als die Bischöfe durch die Argumente von Augustinus' Gegnern, zu denen insbesondere Pelagius (360–435) gehörte, ins Schwanken gerieten, argumentierte Augustinus, dass ohne die Taufe die Existenz der Kirchenoberen überflüssig würde. (Vgl. Flasch 1980, 178) Das war ein überzeugendes Argument für Letztere, sich auf Augustinus' Seite zu schlagen. (Vgl. Sommer 2005, 5) So ging Augustinus aus diesem Streit als Sieger hervor. Das Konzil von Ephesos verurteilte 431 die Lehre des Augustinus-Gegners Pelagius. Die offizielle Doktrin der westlichen Kirche wurde die augustinische Auffassung. (Vgl. Sommer 2005, 4) Die Quellenlage ist bei Pelagius aus diesem Grund eher spärlich und unsicher. Oft sind die Gedanken des Pelagius nur antonymisch aus den Schriften des Augustinus zu ermitteln. Dementsprechend vage können sie nur vorgetragen werden.

Im 5. Jahrhundert begann die lawinenartige Welle der Hinwendung zum Christentum, oft aus Opportunität. Pelagius forderte infolgedessen die kompromisslose Verwirklichung des christlichen Glaubens. Der Mensch solle sich frei entscheiden zum Glauben und ihn leben und nicht aus Opportunismus zum Christentum übertreten. (Vgl. Greshake 1989, 234f.) Überdies hatte Pelagius noch ein stichhaltiges Argument gegen die Erbsündenlehre des Augustinus: »Für Pelagius war es mit Gottes Gerechtigkeit unvereinbar, vom Menschen sittliche Vollkommenheit zu fordern, wenn der Mensch dazu außerstande wäre. Folglich müsse es in der Macht der menschlichen Freiheit liegen, das Gute zu tun. Diese Freiheit kann durch die Sünde nicht zerstört worden sein; eben darin, daß wir sie besitzen, besteht die Gnade Gottes. Die Lehre von einer ererbten Schuld hielt Pelagius für einen Widerspruch in sich; außerdem hielt er ihr vor, sie lähme den Willen zu einer sittlichen Lebensführung.« (Flasch 1980, 177) Der Widerspruch besteht darin, dass nach der Erbsündenlehre Gott der Urheber des Bösen sein müsse, was schlechterdings undenkbar ist. Julianus von Eclanum, der die Lehre des Pelagius mit einer wissenschaftlicheren Argumentation ausarbeitete, wendete sich ebenfalls unter Berufung auf die Bibel (vgl. Deuteronomium 24, 16) gegen die Sippenhaftung der Erbsündenlehre: Es widerspreche der Gerechtigkeit, die Kinder für die Sünden der Väter zu bestrafen. Dem begegnete Augustinus mit dem Argument, dass die Gerechtigkeit Gottes umso erhabener sei, je unerforschlicher sie sei: »Unterscheide von der menschlichen Gerechtigkeit die göttliche, und du wirst sehen, daß Gott die Sünden der Väter gerechterweise an den Söhnen rächen kann, was, wenn ein Mensch in seinem Urteil es sich anmaßte, ungerecht ist.« (Augustinus, zit. nach Flasch 1980, 200) Für diese Argumentation konnte Augustinus eine weitere Stelle aus den Römerbriefen als Beleg heranziehen: »Denn zu Mose sagt er: Ich schenke Erbarmen, wem ich will, und erweise Gnade, wem ich will. Also kommt es nicht auf das Wollen und Streben des Menschen an, sondern auf das Erbarmen Gottes.« (9, 15 und 16)

Augustinus' Vorstellung davon, wie man gottgefällig lebt, sieht so aus: 1. Durch das Gesetz erkennt man die Sünde. 2. Durch den Glauben erlangt man die Gnade gegen die Sünde. 3. Durch die Gnade wird die Seele von der Sünde geheilt. 4. Durch diese Heilung entsteht die Freiheit des Willens. 5. Durch den freien Willen entsteht die Liebe zur Gerechtigkeit. 6. Die Liebe zur Gerechtigkeit bewirkt die Befolgung des Gesetzes. (Vgl. Jonas 1965, 36)

Nach Augustinus kann der Mensch also allein durch Gottes Gnade gut sein. Nach Pelagius kann der Mensch von sich aus den guten Willen haben, das göttliche Gesetz zu befolgen. Pelagius vertrat die Auffassung, dass der Mensch aus eigenem Vermögen zur Sündlosigkeit fähig ist. Voraussetzung dafür ist, dass der Mensch frei und rational entscheiden kann. (Vgl. Sommer 2005, 3) Für Augustinus hingegen sind die Menschen keine frei zwischen Gut und Böse wählenden Wesen. (Vgl. Sommer 2005, 17)

Es ist letztlich auf die Aufklärung zurückzuführen, dass uns heute die Auffassung des Pelagius näherliegt. Wir haben nach der oben ausgeführten Auffassung von Kant in uns und nicht in Gott liegende Motive, moralisch zu handeln. Dies ist nach anderen normativen Moraltheorien, die ich hier vorgetragen habe, ebenso der Fall. So geht der Kontraktualismus von Peter Stemmer stets von einer Gesellschaft aus, die nicht mehr theozentristisch ist und in der darum das richtige moralische Handeln nicht von Gottes Gnade abhängig sein kann. Im Laufe der Zeit hat sich somit doch eine andere als die ursprüngliche Siegerposition durchgesetzt.

Hobbes ging im 17. Jahrhundert noch wie Augustinus davon aus, dass der Mensch von Natur aus böse ist. Auch der Theodizee-Gedanke konnte Gott als den Schöpfer einer Welt, in der Böses vorkommt, rechtfertigen, denn Gott hatte nach Leibniz (1646–1716) unter allen möglichen Welten noch die beste ausgewählt und sie zur Wirklichkeit gebracht. Rousseau (1712–1778) war der Auffassung, dass der Mensch von Natur gut sei, Kant hingegen, dass es das Böse im Menschen gebe, er jedoch qua seiner praktischen Vernunft in der Lage sei, es zu überwinden.

Das alltägliche abweichende Verhalten

Wie bereits ausgeführt, unterscheidet Kant das »principium executionis« (Prinzip der Ausführung) und das »principium diiudicationis« (Prinzip der Beurteilung); die Einsicht in die Richtigkeit des moralischen Handelns wird von dem Motiv unterschieden, tatsächlich moralisch zu handeln. Motive, nicht moralisch zu handeln, sind allerdings nicht erst seit Kant, sondern von alters her bekannt. Die Schandtaten des Catilina wurden laut Augustinus durch sein Streben nach Macht und Reichtum motiviert. (Vgl. Augustinus 1982, 63) Auch der Druck der Peergroup, etwa wenn Jugendliche nur aus Freude an der verbotenen Tat einen Birnbaum plündern, motiviert zu unmoralischen Handlungen: »Wenn es nur heißt: Komm, tun wir das! Schämt man sich, nicht schamlos zu sein.« (Augustinus 1982, 68) Des Weiteren kann die Omnipotenzfantasie, Herr über Leben und Tod zu sein, ein Antrieb dafür sein, sich gegen die Moralordnung aufzulehnen und zum Mörder zu werden. (Vgl. Augustinus 1982, 66)

Die von Augustinus angeführten Motive, nicht moralisch zu handeln, sind uns heute nicht fremd. Man handelt unmoralisch, obwohl man die Regeln, die man befolgen müsste, kennt und von deren Richtigkeit überzeugt ist. Man lehnt beispielsweise das Schlagen und Demütigungen anderer ab, weil man weiß, dass das unmoralisch und unrecht ist, zumal man selbst lange Opfer solcher Handlungen war. Dennoch greift man selbst zu diesen Formen der Auseinandersetzung, um die eigenen »Demütigungserfahrungen [zu] durchbrechen und dadurch das eigene Selbstbild schützen zu können« (Silkenbeumer 2007, 248). Auch das ist ein Motiv, eine moralische Regel, die man für richtig hält, nämlich die physische und psychische Integrität anderer Menschen zu achten, nicht zu befolgen. Ein anderer Fall: Man weiß um die Verpflichtung, einem Menschen, der auf der Straße attackiert wird, zu helfen. Man kommt ihr aber aus Angst, selbst angegriffen zu werden, nicht nach. Manchmal ist es auch Bequemlichkeit, wenn man nicht behilflich ist: »Ach, ich habe jetzt keine Lust, der alten Nachbarin die Tasche hochzutragen. Es ist so schön, in der Sonne zu liegen. Ich tue einfach so, als wenn ich sie nicht gesehen hätte.« Ferner kann Rache ein Motiv sein, unmoralisch zu handeln: »Der Nachbar hat mich so oft geärgert. Sollen seine Blumen doch vertrocknen. Ich gieße sie nicht, obwohl ich es ihm versprochen habe.« Es gibt noch viel mehr Motive, nicht moralisch zu handeln. Solche Motive sind uns Menschen als unvollkommenen moralischen Wesen vertraut und unserer Schwäche geschuldet. Immanuel Kant sagte, dass es ein irdisches Geschöpf nie dazu bringen könne, vollkommen moralisch zu sein. (KpV A 149) Während Gott und die Engel keine Moral brauchen, weil sie tugendhaft seien, seien die Menschen hingegen lasterhaft. (Vgl. Grundlegung zur Metaphysik der Sitten, BA 39) Daraus folgt, dass man gar keine moralischen Regeln brauchte, wenn die Menschen moralisch wären.

Wir reden heute von moralischer Motivation, wo wir früher von Tugenden gesprochen haben. Weil die Motivation in den ethischen Erörterungen bisher nicht hinreichend berücksichtigt wurde, erleben wir in der Philosophie seit einiger Zeit eine Renaissance der Tugendethik. (Vgl. Pauer-Studer 2003, 55 ff.; Rippe/Schaber 1998, 9)

Das radikale Böse

Das alltägliche Abweichen vom moralisch richtigen Verhalten wird übertroffen vom unbegreiflich Bösen, von dem wir – wie Habermas anmerkt – allzu wenig wissen. »Wir wissen nicht, wozu Menschen überhaupt fähig sind.« (Habermas 2001, 195) Wir haben durch Auschwitz erstmals eine Ahnung davon bekommen. Die Taten vom 11. September 2001 in New York, 11. März 2004 in Madrid und Juli 2005 in London konnte man ebenso wenig erwarten oder vorhersehen wie Auschwitz. Man spricht vom »radikal Bösen«. Ein bemerkenswerter Satz in Susan Neimans Buch *Das Böse denken* lautet: »Was in Auschwitz scheinbar zu Bruch ging, ist die Möglichkeit, intellektuell darauf zu reagieren. Das Denken wurde gelähmt, denn sowenig die Werkzeuge der Zivilisation fähig waren, das Ereignis zu verhindern, so wenig sind sie in der Lage, damit umzugehen.« (Neiman 2004, 376) Es gibt ein Geschehen, das dem Denken Grenzen setzt, das nicht verstehbar ist, von dem Hannah Arendt in völliger Fassungslosigkeit immer wieder sagt, dass es nie hätte geschehen dürfen. (Vgl. Arendt 1996, 59, 60; 2002, 7)

Auch andere Überlegungen zum radikal Bösen sind Ausdruck von Hilflosigkeit. Hat sich daran nach den Ereignissen von New York, Madrid und London viel geändert? Das kann man nicht sagen. Schon Arendt gestand in einem Brief an Karl Jaspers ein: »Was das radikal Böse nun wirklich ist, weiß ich nicht. [...] Die modernen Verbrechen sind im Dekalog nicht vorgesehen. Oder: Die abendländische Tradition krankt an dem Vorurteil, daß das Böseste, was der Mensch tun kann, aus den Lastern der Selbstsucht stammt; während wir wissen, daß das Böseste oder das radikal Böse mit solchen menschlich begreifbaren, sündigen Motiven gar nichts mehr zu tun hat.« (Arendt 1985, 202f.) Das ist eine Kritik an der abendländischen Tradition, denn Kant hat das Böse noch auf die Selbstsucht des Menschen zurückgeführt. In seiner Abhandlung *Über das radikal Böse in der menschlichen Na-*

tur spricht er von der Selbstsucht als Ursache des radikal Bösen. (B 17) Und Selbstsucht und moralisches Gesetz können in einem Menschen nicht nebeneinander bestehen. (B 35) Darum fügt er hinzu: »Was der Mensch im moralischen Sinne ist, oder werden soll, gut oder böse, dazu muß er sich selbst machen, oder gemacht haben. Beides muß eine Wirkung seiner freien Willkür sein; denn sonst könnte es ihm nicht zugerechnet werden, folglich er weder moralisch gut noch böse sein.« (B 49)

Auch Arendt nähert sich – trotz ihrer gegenteiligen Behauptung – allmählich dem an, was das radikal Böse ist. Sie sagt: »Das spezifisch Böse der Gewalt ist ihre Stummheit.« (Arendt 2002, 345) Das Böse besteht in der Verweigerung oder Bekämpfung der Pluralität. Daran, dass diese Pluralität nicht bedacht wurde, seien die Philosophen nicht ganz unschuldig, denn die abendländische Philosophie sprach immer »von *dem Menschen*« und hat »die Tatsache der Pluralität nebenbei behandelt« (Arendt 1985, 202f.). Die abendländische Philosophie habe die anthropologische Bedeutung der Pluralität nicht ernst genommen, und in der Person von Adolf Eichmann hat Arendt die völlige Negierung und Zerstörung der Pluralität erkannt.

Auf den Terror, der in den heutigen Tagen ja unser aller Problem ist und sich in qualitativer und quantitativer Hinsicht weltweit steigert, bezieht Arendt ihre Thesen ebenfalls, wenn sie schreibt: »Dem Terror gelingt es, Menschen so zu organisieren, als gäbe es sie gar nicht im Plural, sondern nur im Singular, als gäbe es nur einen gigantischen Menschen auf der Erde, dessen Bewegungen in den Marsch eines automatisch notwendigen Natur- und Geschichtsprozesses mit absoluter Sicherheit und Berechenbarkeit einfallen.« (Arendt 1985, 714) Dieser Sichtweise schließt sich Neiman in ihrem Buch an: »Naturkatastrophen sind blind für moralische Unterscheidungen, die selbst die rohe Gerechtigkeit macht. Der Terrorismus verstößt bewusst dagegen. [...] Wie Erdbeben schlagen Terroristen von ungefähr zu: Wer lebt, wer stirbt,

hängt von Zufällen ab, die weder verdient noch zu verhindern sind.« (Neiman 2004, 412)
Wen wollen sie treffen? Es sind nicht die Menschen. Die sind den Terroristen egal. Sie wollen einen Anonymus treffen, wie Arendt und Neiman schreiben. Peter Fuchs geht sogar noch einen Schritt weiter: »Das terroristische Morden nimmt nicht im Interesse einer Hauptintention den Tod und die Verstümmelung Unschuldiger billigend in Kauf. Dieser Nebeneffekt ist der *gesuchte,* der *erwünschte* Effekt, weil nur er dauerhaft gesellschaftliche Kommunikation irritiert, insofern niemand sich (sozusagen durch Unschuld geschützt) sicher fühlen kann. Kurz: Kollateralschäden sind ausdrücklich beabsichtigt.« (Fuchs 2006, 35) Warum eigentlich? Die Terroristen fühlen sich als Vertreter der machtlosen, unterdrückten und entrechteten Völker. Sie reagieren »auf den Hochmut der Mächtigen, als die gerechte Strafe für ihre Anmaßung und für ihre gotteslästerliche Selbstherrlichkeit und Grausamkeit« (Ratzinger 2005, 32). Sie richten sich an die nach ihrer Auslegung verkommene und entfremdete Gesellschaft. Sie tun es auf diese Weise, weil sie keine andere Möglichkeit sehen. Sie können ihren Protest nicht in einem Brief an die Gesellschaft adressieren, ebenso wenig an ein Teilsystem der Gesellschaft wie zum Beispiel an die Wirtschaft. Darum gehen die Terroristen, so führt Fuchs aus, eine Komplizenschaft mit den Massenmedien ein. Diese Verbindung ist eine höchst brisante für uns Menschen, denn wir erleben aufgrund der täglichen Berichterstattung über den Terror eine Abstumpfung bei uns selbst und anderen. Die Massenmedien werden ebenfalls gleichgültiger. Wir beobachten, dass die täglichen Terrorakte im Irak und in Afghanistan unter der Rubrik »Was sonst noch heute geschah« zu finden sind. Darum steht nach Fuchs der Terror unter dem Zwang, »mehr Unschuldige in Mitleidenschaften zu ziehen, grässlichere Mittel der Vernichtung einzusetzen (Viren, Giftgas, Atombombe etc.), um das Ziel der intensiven Irritation der Gesellschaft und ihrer Funktionssysteme zu erreichen« (Fuchs 2006, 36).

Man kann den Terror insofern mit Peter Fuchs als einen gewaltsamen Abbruch der Kommunikation deuten. Das entspricht durchaus dem, was Hannah Arendt mit Verweigerung von Pluralität meint. Wenn man nun Kant genau liest, ist er davon nicht weit entfernt: Ein Mensch, der radikal böse ist, hat die Hierarchie von Sittengesetz und Selbstsucht umgekehrt und macht das überindividuelle Sittengesetz nicht zur Maxime seines Handelns. Er ist stumm und verweigert sich der Pluralität. Er schafft sich nach der Auffassung des großen Königsberger Philosophen eine grundsätzlich andere Wertordnung. (B 35) Das Sittengesetz, das die Maxime des Handelns und den freien Willen des Menschen auf das Zusammenleben mit anderen ausrichtet, existiert für den radikal Bösen nicht. Die Interpretation von Rolf Zimmermann zielt in eine ähnliche Richtung: Hitler wollte mit der jüdisch-christlichen Tradition, in der das Morden und Quälen von Menschen moralisch und rechtlich geächtet wird, brechen. Die Juden, die diese moralische Tradition vor mehr als zweieinhalb Jahrtausenden begründet hatten, sollten verschwinden. Auf diese Weise wurde Radikalität demonstriert. Das neue Menschentum, das Hitler und seinen Ideologen vorschwebte, erforderte einen anderen Gattungsbegriff, mit dem das Recht auf Tötung und Folterung wiederhergestellt werden sollte. (Vgl. Zimmermann 2005, 36) Hitler wollte, wie Arendt es ausdrückt, »die Negation der Moral als solcher«, die »Umkehrung der Zehn Gebote«, und nicht den punktuellen Verstoß gegen moralische Regeln. (Arendt 2006, 13, 16) Und diese Umkehrung ist den Nazis partiell gelungen. In der berühmt-berüchtigten Posener Rede vom 4. Oktober 1943 bezeichnet Himmler diejenigen SS-Männer als »anständig«, die angesichts der von ihnen produzierten Leichen nicht schwach geworden sind, die sich keinen »Humanitätsduseleien« hingaben. Und die Rede gipfelt in dem Satz: »Wir hatten das moralische Recht, wir hatten die Pflicht gegenüber unserem Volk, dieses Volk [gemeint sind die Juden], das uns umbringen wollte, umzubringen.«

Julian Nida-Rümelin weitet diesen Gedanken noch aus: »Und das war gerade das Ziel rassistischer, stalinistischer, nationalsozialistischer Ideologien; das war das Ziel: abzuwerten, die humanistischen Einsichten in Verantwortung, Rationalität und Freiheit, die Ethik der Rücksichtnahme und des Respekts zu destruieren. Eine wesentliche Rolle für diese Ideologien spielte die Überzeugung, dass Menschen nicht von Gründen, sondern von Anderem als Gründen gesteuert sind: von rassischer oder nationaler oder Klassenzugehörigkeit zum Beispiel.« (Nida-Rümelin 2006, 62) Für diese Auffassung Nida-Rümelins finden sich vielfache, im Folgenden aufgeführte Belege.

»Wer für den Kommunismus kämpft«, sagt Bert Brecht, »der muß kämpfen können und nicht kämpfen; die Wahrheit sagen und nicht die Wahrheit sagen; Dienste erweisen und Dienste verweigern; Versprechen halten und Versprechen nicht halten; sich in Gefahr begeben und die Gefahr vermeiden; kenntlich sein und unkenntlich sein. Wer für den Kommunismus kämpft, hat von allen Tugenden nur eine: daß er für den Kommunismus kämpft.« (Brecht, zit. nach Semprún 1981, 81) Sören Kierkegaard argumentiert in einer ähnlichen Weise, wenn er Abrahams Geschichte der Opferung seines Sohnes Isaak auf Anordnung Gottes dahingehend interpretiert, dass die moralischen Pflichten zugunsten religiöser Gebote außer Kraft gesetzt werden. Indem Abraham dem Befehl Gottes folgte, konnte er mit seinem Griff zum Messer gar kein Mörder werden. Dabei war die versuchte Kindstötung ein mehrfacher Verstoß gegen moralische Regeln. Doch wir müssen Gottes »Anordnungen immer, bedingungslos, also nicht unter der Bedingung, dass sie moralisch akzeptabel sind, gehorchen« (Schröder, 2005, 106). Auch im »Neuen Testament wird Abrahams Tötungsbereitschaft mehrmals nachdrücklich als Vorbild gottgefälligen Gehorsams ausgezeichnet« (Schröder 2005, 91). Wilfried Schröder fährt fort: »Aus jüngster Zeit stammt eines der spektakulärsten Beispiele einer Berufung auf das ›Vorbild Abraham‹: das

Testament des Selbstmordattentäters Mohamad Atta, der seinen Gehorsam gegenüber dem göttlichen Befehl am 11. September 2001 in Manhattan unter Beweis stellte.« (Schröder 2005, 74)
Dies sind neue und bedenkenswerte Erklärungen des radikal Bösen, mit denen wir uns auseinanderzusetzen haben, die in die Richtung gehen, das radikal Böse als die vollständige Außerkraftsetzung der Moral zu interpretieren, an deren Stelle eine gänzlich neue Ordnung tritt – eine Ideologie oder Religion: Den Geboten und Befehlen der Mullahs, eines Gottes, eines Führers oder Diktators beziehungsweise Generalsekretärs der kommunistischen Partei ist unbedingt Folge zu leisten, selbst wenn das moralischen Geboten widerspricht. Wir finden dieses Muster immer schon in vielen Märchen bis hin zur neuesten Kinderliteratur, wenn beispielsweise in dem 2006 erschienenen Roman *Prügelknabe* der Abt und der Herzog die Moralordnung missachten und stattdessen ihre absolutistische Herrschaft mit eigenen unergründlichen Regeln durchsetzen. (Vgl. Frey 2006) Doch selbst in Märchen und Kinderromanen funktioniert das nicht auf Dauer.

Beispiele für angewandte Ethik

Zurück zum richtigen moralischen Handeln. Wenn man sich der angewandten Ethik zuwendet, sieht man, wie viel im Alltag der moralischen Reflexion bedarf. Die unübersehbare Flut von moralischen Problemen, die sich in der heutigen Zeit stellen, kann in einer Publikation wie dieser freilich nicht abgehandelt werden. Deshalb werden drei Beispiele vorgestellt, die aus verschiedenen Bereichen stammen und ganz unterschiedlich zu behandeln sind, doch exemplarisch sein können für eine Vielzahl ähnlich gelagerter Fälle. Neuerdings müssen wir moralische Entscheidungen auf Gebieten treffen, die uns vor einigen Jahren oder Jahrzehnten noch völlig unbekannt waren: Embryonenforschung, Invitrofertilisation, Genpatentierung, Sterbehilfe, Pränataldiagnostik, Präimplantationsdiagnostik, Bestattungskultur, Umgang mit behinderten Menschen etc. Bedingt durch die zunehmende Globalisierung, stellen sich darüber hinaus die Fragen nach der Beseitigung der Armut in der Welt und nach dem Umgang mit Menschen aus anderen Kulturen, die bei uns leben.
Gemeinhin wird die angewandte Ethik nach Bereichen gegliedert. So fallen beispielsweise Embryonenforschung, Invitrofertilisation, Pränatal- und Präimplantationsdiagnostik und Sterbehilfe in den Bereich der Medizinethik, während das Problem der Genpatentierung in den Bereich der Genethik fällt. Zum Bereich der politischen Ethik gehören die Probleme der Armut in der Welt und der Umgang mit Menschen aus anderen Kulturen.
Zunächst ein Beispiel, das die Relevanz der Sachinformationen für moralische Entscheidungen verdeutlicht. Diese Sachinformationen sind bisweilen erforderlich, um ein Problem als moralisches überhaupt erkennen zu können. Doch Sachinformationen braucht man auch noch weitergehend.

Das soll in den beiden folgenden, ausführlicher dargestellten Problemkomplexen gezeigt werden. Bei diesen beiden Fällen ist es im Gegensatz zur Genpatentierung auf den ersten Blick klar, dass es sich um moralische Probleme handelt. Doch auch hier ist jeweils eine Fülle von Sachinformationen Voraussetzung für die Möglichkeit, eine moralische Entscheidung richtig zu treffen. Festzuhalten ist also, dass zum moralischen Wissen immer auch das epistemische gehört.

Genpatentierung

Oftmals werden moralische Probleme gar nicht als solche erkannt. Wer weiß denn schon, dass sich hinter der Genpatentierung ein moralisches Problem verbirgt? Man könnte sagen: »Lass die doch ihre Gene patentieren, wenn es ihnen Spaß macht. Was geht mich das an?«
Die Firmen Hoffmann-La Roche und Chiron haben das Patent auf die Gene verschiedener Krankheitserreger, die als Grundlage von Bluttests dienen. Blutkonserven müssen heute auf HIV und Hepatitis-C-Viren überprüft werden. Früher kostete ein solcher Test 70 Cent. Seit der Patentierung 22,50 EUR. (Vgl. Burow 2003) Dies bedeutet, dass getestete Blutkonserven in Zukunft nicht mehr für alle bezahlbar sind, sodass sich die Schere von Arm und Reich im Gesundheitswesen weiter öffnet. Man sieht, dass ohne entsprechende Informationen moralische Probleme oft nicht zu erkennen sind. – Darum muss es noch einmal herausgestellt werden: Sachinformationen gehören zum moralischen Wissen. Soweit es in den eigenen Möglichkeiten steht, sollte man sich das für die moralische Entscheidung erforderliche Sachwissen selbst aneignen. Nun wird allerdings das Wissen auf Gebieten, auf denen moralische Entscheidungen getroffen werden sollen, immer komplexer. Darum ist es manchmal sinnvoll, Expertenmeinungen heranzuziehen. Dies ist oft

»der klügste Ratgeber, wenn es darum geht, eigene Schäden zu vermeiden und aus den Möglichkeiten der Medizin maximalen Nutzen zu ziehen« (Boshammer 2008b, 50). Aber zum Personsein gehört es, »selbst entscheiden zu dürfen, wann wir anderen die Entscheidung über unser Wohl und Wehe überlassen« (Boshammer 2008b, 51).

In Würde sterben

In der Stellungnahme des Nationalen Ethikrates zur *Selbstbestimmung und Fürsorge am Lebensende* von 2006 heißt es: »Auch in modernen Gesellschaften erkennen die Menschen an, dass es moralische Pflichten gegen sich selbst gibt, die der Selbstbestimmung Grenzen setzen. Zu diesen Pflichten gehört der Respekt vor dem eigenen Leben.« (Ethikrat 2006, 20f.) Diese Auffassung vertritt Kant in seinen Überlegungen zu den Pflichten gegen sich selbst. Die Pflicht, um die es hier geht, ist die Pflicht, bis zu seinem Lebensende die eigene Würde zu bewahren. Ist es bei uns möglich, in Würde zu sterben, sodass einerseits die Selbstbestimmung gewahrt und andererseits nicht missbraucht wird?
Der Nationale Ethikrat hat ein Kapitel seiner Stellungnahme zur *Selbstbestimmung und Fürsorge am Lebensende* den Orten des Sterbens gewidmet. Von ihnen hängt ganz wesentlich ab, ob das Sterben selbstbestimmt und in Würde möglich ist. Was früher der Normalfall war, ist heute die Ausnahme: das Sterben zu Hause. Heute sterben nur noch 10 Prozent der Deutschen zu Hause. Auf dem Land ist der Prozentsatz doppelt so hoch wie in der Stadt. Die Voraussetzungen für ein Sterben in Würde seien die gewohnte Umgebung und der Kreis von vertrauten Menschen. (Vgl. Ethikrat 2006, 38) Dieser Aspekt ist angesichts der heutigen Lebenswirklichkeit zu diskutieren: 47 Prozent der Bundesbürger sterben in Krankenhäusern. (Vgl. Ethikrat 2006, 42) Dass das Sterben zu Hause kaum noch möglich ist, hängt vor allem

mit der demografischen Entwicklung und den sich verändernden Familienstrukturen zusammen. »Seit den achtziger Jahren des 20. Jahrhunderts wird in Deutschland an einem Zweistufenmodell, bestehend aus Palliativstationen und Hospizen, gearbeitet. Auf Palliativstationen werden Patienten betreut, die meist durch akute Schmerzen und andere Symptome belastet sind und die eine medizinische Vollversorgung brauchen. Gegenüber der Symptomlinderung bei komplexem Krankheitsbild in der Palliativmedizin liegt der Schwerpunkt der Hospizarbeit auf der menschlichen Begleitung.« (Ethikrat 2006, 47) Damit werden mehr und mehr die Voraussetzungen für ein würdiges Sterben außerhalb des eigenen Heims geschaffen. Um diese in Zukunft zu garantieren, stellt der Ethikrat Leitsätze zur Sterbebegleitung und Therapie am Lebensende auf, die von der Politik bei der Herstellung der Bedingungen für die Ermöglichung eines menschenwürdigen Sterbens berücksichtigt werden sollten. (Vgl. Ethikrat 2006, 97 f.)
Es ist eine aus moralphilosophischer Sicht zu fordernde politische Aufgabe, die Bedingungen für das Sterben in Würde zu schaffen. Wenn in diesem Buch die Frage beantwortet werden soll, was Moral ist, kann an dieser Stelle festgehalten werden, dass die Schaffung der Bedingungen der Möglichkeit, moralisch zu handeln, zur Moral gehört.
Ausgangspunkt der bisherigen Überlegungen ist der freie Wille des Betroffenen. Oft aber ist dieser nicht zu ermitteln, weil der Betroffene beispielsweise komatös ist. Was ist in solchen Fällen zu tun?
Ein Schulfreund von mir liegt seit neun Jahren im Wachkoma, ohne Hoffnung auf Besserung. Er ist im Hallenbad ertrunken und wurde reanimiert. Er liegt zu Hause und wird in einem Spezialbett aufopferungsvoll von seiner Frau gepflegt. Vor Kurzem diagnostizierten die Ärzte eine Krebserkrankung bei ihm. Ob die Schmerztherapie anschlagen würde, sei höchst ungewiss, bekam seine Frau zu hören. Sie stellte sich die Frage, ob unter diesen Umständen die lebens-

erhaltenden medizinischen Maßnahmen eingestellt werden sollen. Der Wille des Betroffenen ist hier nicht zu erfragen; auch haben sich seine Frau und er vorher nie über diesen möglicherweise eintretenden Fall unterhalten.

Was genau bedeutet »Einstellung der lebenserhaltenden Maßnahmen«? Der BGH hat unter Bezugnahme auf die Empfehlung der Bundesärztekammer zwei Möglichkeiten genannt: 1. nur die Einstellung der medizinischen Versorgung, 2. die Einstellung der medizinischen Versorgung und der nichtmedizinischen Basisversorgung (Nahrungs-, Flüssigkeits-, Luftzufuhr und Bluttransfusionen). Der BGH hat davon gesprochen, dass die Einstellung beider Versorgungsformen erlaubt sei, wenn der Patient das unmissverständlich verlange. »Entscheidend ist der mutmaßliche Wille des Kranken.« (BGH 1 StR 357/94 – Urteil vom 13. September 1994) Nun muss die Frage beantwortet werden, wie der mutmaßliche Wille ermittelt werden kann. Im zweiten Leitsatz werden vom Gericht folgende Möglichkeiten angeboten: »frühere mündliche oder schriftliche Äußerungen des Patienten, seine religiöse Überzeugung, seine sonstigen persönlichen Wertvorstellungen, seine altersbedingte Lebenserwartung oder das Erleiden von Schmerzen«.

Da mein Schulfreund mit seiner Frau nicht über eine solche Situation gesprochen hat, sind die anderen vom BGH genannten Indizien heranzuziehen, aus denen sich der mutmaßliche Wille mit hoher Wahrscheinlichkeit ermitteln lässt. So zum Beispiel die religiöse Orientierung. Mein Schulfreund ist streng katholisch, und seine Frau ist sich sicher, dass er der Auffassung gewesen ist, nur Gott könne das Ende des Lebens bestimmen. Sie würde in einer vergleichbaren Situation für sich selbst wollen, dass in derselben Weise entschieden würde, und sie seien sich über ihre Wertvorstellungen stets einig gewesen. Insofern kann man mit recht großer Sicherheit annehmen, dass der mutmaßliche Wille des Betroffenen dahin geht, dass die lebenserhaltenden Maßnahmen nicht eingestellt werden sollen, weil seine religiöse

Überzeugung und sonstigen persönlichen Wertvorstellungen dies verbieten würden.

Die Frau und die Kinder sowie die behandelnden Ärzte müssen nun also Entscheidungen treffen, was sie in der jetzigen Situation tun sollen. Sie haben, da der Patient nicht selbst entscheiden kann, eine Garantenpflicht. Es empfiehlt sich, Schritt für Schritt nach dem bereits vorgestellten Vierstufenschema für moralische Dilemmasituationen vorzugehen. Welche moralischen Pflichten stehen auf dem Spiel, denen man nachkommen muss? Da ist zum einen der Schutz des menschlichen Lebens. Zum anderen die Pflicht, andere vor Schmerzen zu bewahren. Dies festzustellen war der erste Schritt gemäß dem Vierstufenschema. Den zweiten Schritt tat die Frau meines Schulfreundes, indem sie alle ihr möglichen Informationen einholte. Mehrere Ärzte wurden konsultiert. Nach der sich nun für sie ergebenden Sachlage musste sie sich fragen, ob sie ihren Mann vor den möglicherweise unerträglichen Schmerzen bewahren oder sein Leben schützen sollte. Sie kann einer dieser moralischen Pflichten nur dadurch nachkommen, dass sie die andere verletzt. Im dritten Schritt kamen ihre Präferenzen ins Spiel. Für sie war völlig klar, so wie es das für ihren Mann ebenfalls gewesen wäre, dass der Schutz des menschlichen Lebens unbedingten Vorrang hat. Der vierte Schritt bestand in der Frage, ob sie mit ihrer Entscheidung, die lebenserhaltenden Maßnahmen nicht einzustellen, leben kann, ob sie sich am nächsten Morgen noch im Spiegel ansehen kann, ohne rot zu werden. Sie wurde in der Folgezeit immer noch von starken Zweifeln geplagt, doch sagte sie, dass sie mit dieser Entscheidung besser leben könne als mit der anderen.

Hier ist nun festzuhalten, dass man moralische Entscheidungen nicht immer allein trifft. Vielmehr ist zumeist eine ganze Reihe von Menschen beteiligt: hier die Frau, die Kinder, die Ärzte und die Pflegerin. Am besten bildet man in solchen Fällen ein Konsilium und berät den zu entscheidenden Fall gemeinsam.

Weltarmut

Sachinformationen sind – wie gesagt – Bestandteil des moralischen Wissens. Darum zu den Fakten: »Nach Angaben der Weltbank leben rund 40% der Weltbevölkerung derzeit von weniger pro Jahr, als man 1993 in den USA für 785,76 Dollar (heute ca. 1130 Dollar) kaufen konnte. Das ist die so genannte 2-$-pro-Tag-Armutsschwelle. Weil die reichen Länder nur knapp 16% der Weltbevölkerung ausmachen, könnte man meinen, dass sich gravierende Armut mit heutigen Mitteln einfach nicht vermeiden lässt. [...] Nach Marktwechselkursen berechnet, ist das Durchschnittseinkommen des obersten Zehntels der Weltbevölkerung 320-mal höher als das des untersten Zehntels. Der entsprechende Quotient der Vermögensungleichheit ist weltweit noch neunmal größer: Eine neue WIDER-Studie schätzt, dass im Jahr 2000 das oberste Zehntel der Menschheit 85,1% des globalen Reichtums und das unterste Zehntel nur 0,03% besaßen (ein Verhältnis von 2837:1). Das oberste eine Prozent besaß 39,9%, die untere Hälfte der Menschheit dagegen nur 1,1% allen Privatvermögens.« (Pogge 2007b, 974)
An anderer Stelle schreibt Thomas Pogge:

»Die Auswirkungen schwerer Armut sind erschütternd. Es wird berichtet, dass 830 Millionen Menschen unterernährt, 1100 Millionen ohne sicheres Trinkwasser und 2600 Millionen ohne Zugang zu grundlegenden sanitären Einrichtungen sind. Um die 2000 Millionen haben keinen Zugang zu den wichtigsten Medikamenten. Etwa 1000 Millionen besitzen kein genügendes Obdach und 2000 Millionen haben keine Stromversorgung. Etwa 799 Millionen Erwachsene sind Analphabeten und 250 Millionen Kinder zwischen 5 und 14 Jahren sind außerhalb ihres Zuhauses erwerbstätig – oft unter harten oder grausamen Bedingungen: als Soldaten, Prostituierte oder Hausangestellte, in der Landwirtschaft, dem Baugewerbe und der Textil- oder Teppichindustrie. Rund ein Drittel aller Todesfälle weltweit, jährlich 18 Millionen, gehen auf armutsbedingte Ursachen zurück und wären durch verbesserte Ernährung, sauberes Trinkwasser, billige Rehydrations-Lösungen, Impfstoffe, Antibiotika und andere Medikamente leicht zu verhindern. Menschen nicht-weißer Hautfarbe, Frauen und Kinder sind unter den Armen dieser Erde massiv übervertreten und leiden somit am stärksten unter den erschütternden Auswirkungen extremer Armut. Kinder unter fünf Jahren machen nahezu 60 Prozent oder 10,6 Millionen der jährlichen armutsbedingten Todesfälle aus.« (Pogge 2007a, 98f.)

Um überhaupt eine Vorstellung von dem unvorstellbaren Ausmaß des Leidens zu bekommen, muss man sich klarmachen, dass täglich etwa 30 000 Kinder an den Folgen schwerer Armut sterben. (Vgl. Anwander/Bleisch 2007, 171)
Die Frage, die wir uns zu stellen haben, ist, ob wir die moralische Pflicht haben, diesen Menschen zu helfen. Wie weit reicht die moralische Gemeinschaft? Wie im Abschnitt zur »Supererogation« ausgeführt, haben Angehörige der moralischen Gemeinschaft symmetrische moralische Rechte und Pflichten. Den Rechten, die man hat, stehen im gleichen Maße die Pflichten gegenüber. Doch wie weit reicht die moralische Gemeinschaft mit symmetrisch verteilten Rechten und Pflichten? Ist sie begrenzt auf den Familien- und Freundeskreis, auf unsere Kommune oder Region, auf unsere Nation, auf Europa oder umfasst sie die Welt? Und im Fall der Weltarmut gibt es noch einen besonderen Aspekt: Wo es um Hilfe für die Armen dieser Welt geht, macht es keinen Sinn, für den Fall einer eventuellen eigenen Notlage Hilfe von diesen Armen zu verlangen.
Um eine Antwort auf die Frage nach der Reichweite der moralischen Gemeinschaft zu erhalten, fragt der australische Philosoph Peter Singer zunächst, was der Unterschied zwischen dem Kind eines Nachbarn und dem Kind ist, das 15 000 Kilometer entfernt lebt. Wenn man an einem Teich vorbeikommt und ein Kind darin zu ertrinken droht, wird man es fraglos retten. (Vgl. Singer 2007, 39) Wenn wir diesem Kind im Teich helfen, warum dann nicht dem, das 15 000 Kilome-

ter entfernt ist und von uns vor dem sicheren Hungertod gerettet werden könnte? Der Aufwand ist für uns gering, doch der Tod des Kindes etwas sehr Schlechtes.
Singers zweite Frage lautet, ob man dann, wenn andere Menschen die Spendenaufrufe der Welthungerhilfe oder anderer Organisationen in den Papierkorb werfen, das selbst auch tun kann. Dazu Peter Singer: »Sollte ich etwa der Meinung sein, dass ich weniger dazu verpflichtet bin, das ertrinkende Kind aus dem Teich zu ziehen, wenn ich andere Menschen sehe, nicht weiter entfernt als ich, die das Kind ebenfalls bemerkt haben und keine Anstalten machen einzugreifen?« (Singer 2007, 41) Das kann im Ernst keiner glauben.
Man könnte nun, wenn man diese Argumente Singers überzeugend findet, sagen, dass man barmherzig sein sollte und spenden. Wir erinnern uns: Wir gehen durch einen karitativen Akt über unsere moralische Pflicht hinaus. Wir würden sie in einem Übermaß erfüllen, wenn wir nicht der Auffassung sind, dass die moralische Gemeinschaft globale Ausmaße hat. Peter Singer hingegen ist der Überzeugung, dass man unabhängig von der Entfernung die positive Pflicht hat zu helfen, dass es keineswegs nur ein mildtätiger Akt ist. Seiner Ansicht nach ist die moralische Gemeinschaft eine globale und er führt deshalb drittens Folgendes an: »Vielleicht ist es möglich, die Unterscheidung zwischen Pflicht und Wohltätigkeit an einer anderen Stelle neu zu ziehen. Ich möchte lediglich dafür argumentieren, dass das gegenwärtige Verständnis dieser Unterscheidung unhaltbar ist, dem zufolge es für jemanden, der auf dem Wohlstandsniveau lebt, das die meisten Menschen in den ›entwickelten Ländern‹ genießen, ein Wohltätigkeitsakt ist, eine andere Person vor dem Hungertod zu retten.« (Singer 2007, 43) Singer ist also der Auffassung, dass es nicht eine Frage der möglichen Barmherzigkeit ist, sondern dass wir die positive Pflicht haben, zu helfen. Die moralische Pflicht sollte seiner Auffassung nach nicht an den Landesgrenzen haltmachen. »Vom moralischen Standpunkt aus betrachtet muss

die Vermeidung des Hungertods von Millionen von Menschen außerhalb unserer Gesellschaft als mindestens ebenso dringlich erachtet werden wie die Aufrechterhaltung von Eigentumsnormen innerhalb unserer Gesellschaft.« (Singer 2007, 45)

Wenn man diese Überzeugung vertritt, stellt sich die Frage nach der Höhe der regelmäßigen Spende: »Jegliche Zahlangabe muß willkürlich bleiben, aber vielleicht ließe sich manches für einen runden Anteil vom Einkommen sagen, beispielsweise 10 % – mehr als eine bloß symbolische Spende, aber dennoch nicht so hoch, daß nur Heilige dafür in Frage kommen. [...] Manche Familien werden natürlich 10 % als eine beträchtliche Belastung ihrer Finanzen empfinden. Andere dürften in der Lage sein, ohne Schwierigkeiten mehr zu spenden. Keine Quote sollte als starres Minimum oder Maximum propagiert werden; aber es läßt sich schon vertreten, daß diejenigen, die in Überflußgesellschaften über ein durchschnittliches Einkommen verfügen, sofern sie nicht eine ungewöhnlich große Zahl von Angehörigen oder andere spezielle Bedürfnisse haben, ein Zehntel ihres Einkommens abgeben, um die absolute Armut zu vermindern. Nach jedem vernünftigen ethischen Maßstab ist das ein Minimum, und wir handeln unrecht, wenn wir weniger tun.« (Singer 1984, 246 f.) Auf konkreten Berechnungen beruht die Vorstellung von Thomas Pogge: »Zur Vermeidung gravierender Armut, wie die Weltbank sie definiert, bedarf es institutioneller Reformen, die das Kollektiveinkommen der Armen von derzeit 420 auf etwa 720 Milliarden Dollar pro Jahr anheben würden. Diese Einkommensverschiebung von 300 Milliarden Dollar entspricht etwa 0,7 % des globalen Bruttosozialprodukts von 2005 (45 Billionen Dollar) und knapp 1 % der Bruttosozialprodukte der reichen Länder im selben Jahr (ca. 35,5 Billionen Dollar). Gravierende Armut vermeidende Reformen würden also unseren Lebensstandard um etwa 1 % schmälern, und wir würden dann, bei fortgesetztem Wirtschaftswachstum, jeden zukünftigen Lebensstandard einige Monate später erreichen, als es sonst der Fall wäre.« Und er fragt dann: »Ist es wirklich so unrealistisch zu hoffen, dass man hinreichend viele Bürger der reichen Länder dazu bewegen kann, die Opportunitätskosten einer solchen Reform zu akzeptieren, anstatt weiterhin Verantwortung für das furchtbare Leiden – einschließlich 18 Millionen armutsbedingter Todesfälle pro Jahr – zu tragen, das gravierende Armut mit sich bringt?« (Pogge 2007b, 974) Diese rhetorisch gemeinte Frage bedarf keiner Antwort.

Für Singer und für Pogge ist die moralische Gemeinschaft eine globale. Wir hätten demnach nicht nur in einem Akt der Barmherzigkeit gegen die Armut anzutreten, so wie der Samariter seine moralische Pflicht in einem Übermaß erfüllt, sondern wir hätten die objektive Pflicht, zu spenden. Doch »die meisten von uns erachten es in der Tat nicht als Pflicht, sich gegen die Weltarmut in Form von Spenden oder von karitativem Engagement einzusetzen, sondern möglicherweise als eine Tugend, als etwas, was durchaus lobenswert und vielleicht sogar ›heldenhaft‹ ist, jedoch nicht von uns verlangt werden kann« (Bleisch/Schaber 2007, 14). Singer und Pogge hingegen sprechen von positiven Pflichten, die wir hätten. Was versteht man unter positiven Pflichten? Es sind Hilfspflichten, die man hat. Es ist die Pflicht, zu handeln, nicht die, etwas zu unterlassen. Hier ist der Unterschied zwischen Handeln und Unterlassen relevant, den Philippa Foot folgendermaßen erläutert: »Die meisten von uns lassen zu, daß Menschen in Indien und Afrika vor Hunger sterben, und es ist sicher etwas moralisch Falsches daran, daß wir das tun. Die Annahme wäre jedoch unsinnig, daß der Unterschied zwischen dem Verhungernlassen der Leute in den unterentwickelten Ländern und dem Senden giftiger Nahrungsmittel nur im Recht gilt. In unserem Moralsystem ist eine Unterscheidung verankert zwischen dem, was wir anderen Menschen in Form von Hilfe, und dem, was wir ihnen in Form von Nichteinmischung [d. i. Unterlassen] schulden.« (Foot 1990, 205) Die meisten Menschen sind sich wahrscheinlich einig darüber, dass man schädigende Handlungen zu unterlassen habe. Das bedeutet, dass jeder negative beziehungsweise Unterlassungspflichten hat. Positive Pflichten, nach denen man verpflichtet sei, die Menschen in anderen Ländern dieser Welt vor dem Hungertod zu retten, werden hingegen »von manchen leidenschaftlich abgelehnt« (Pogge 2007a, 99). Doch ebenso gibt es leidenschaftliche Befürworter der Tatsache, dass wir positive Pflichten haben. (Vgl. Pogge 2007a, 99)

Darum müsste genauer bestimmt werden, unter welchen Bedingungen sich eine positive Pflicht konstituiert. Corinna Mieth hat verschiedene Kriterien dafür entwickelt. Sie geht zunächst davon aus, dass eine objektive Notlage gegeben sein muss. Eine solche wird von ihr gütertheoretisch definiert. Eine objektive Notlage liegt vor, wenn jemandem die zum Leben notwendigen Güter fehlen. Dazu gehören: »angemessene Nahrung, Unterkunft, Kleidung und die Möglichkeit, seinen eigenen Lebensplan zu entwickeln und zu verfolgen« (Mieth 2007, 10).

Auf der Geberseite müssten zur Annahme, dass es positive Pflichten gibt, vier Kriterien erfüllt sein:

1. Das Kriterium der Zuständigkeit. Dabei taucht eine Reihe von Fragen auf, die beantwortet werden müssen: »Muss man allen, die gleich bedürftig sind, mit demselben Aufwand helfen? Kommen hier nicht Nahestehende zuerst? Kann es nicht sein, dass wir für die Hilfe gegenüber Nahestehenden, etwa unseren eigenen Kindern, viel mehr Mühe und Einschränkungen auf uns nehmen müssen als für die Hilfe gegenüber Fernstehenden wie etwa den Notleidenden der Dritten Welt? Haben nicht bestimmte Berufsgruppen wie Ärzte, Feuerwehrmänner, Polizisten oder Soldaten ein größeres Maß an Zuständigkeit in bestimmten Notlagen als andere?« (Mieth 2007, 11f.) Wir sehen bereits an dieser Stelle, dass erneut die ungelöste Frage auftaucht, wie weit die moralische Gemeinschaft reicht.

2. Das Kriterium der Zumutbarkeit. Auch hier stellen sich zahlreiche moralphilosophisch interessante Fragen. »Wie viel darf die Hilfe gegenüber objektiv Bedürftigen uns kosten? Müssen wir, wie etwa Peter Unger oder Henry Shue verlangen, im Zweifelsfall unseren luxuriösen Lebensstandard aufgeben? Sicher ist hier die Frage, wie sich dieses Kriterium zu dem der Zuständigkeit verhält. Wenn es gestufte Zuständigkeiten gibt, dann gibt es auch schwächere Hilfspflichten gegenüber Menschen, die in diesen oder jenen Zuständigkeitsbereich nicht fallen.« (Mieth 2007, 12) Das betrifft wieder die Reichweite der moralischen Gemeinschaft. Und was die Frage der Zumutbarkeit angeht, gilt hier der über Jahrtausende gültige Rechtsgrundsatz des römischen Rechts: Ultra posse nemo obligatur; niemand muss mehr leisten, als er kann.
3. Das Kriterium der Zulässigkeit: »Darf man stehlen, um jemanden mit lebensnotwendigen Gütern zu versorgen? Darf man, wie bei der humanitären Intervention, Unschuldige gefährden, oder sogar töten, um anderen das Leben zu retten? Hier geht es um eine Güterabwägung, die wir noch genauer untersuchen müssen.« (Mieth 2007, 12) Dieses Kriterium richtet sich also auf die typischen moralischen Dilemmasituationen, von denen bereits die Rede war.
4. Das Kriterium der Aussicht auf Erfolg. Hierbei geht es um die Aufforderung, die Hilfe möglichst effektiv zu gestalten. (Vgl. Mieth 2007, 12)

Letztgenanntes Kriterium bedarf besonderer Aufmerksamkeit, denn oft wird argumentiert, dass gewährleistet sein müsse, dass die Hilfe nicht gänzlich unkoordiniert geleistet werde. Die Spenden könnten irgendwo »versickern«, wird manchmal rationalisierend und rechtfertigend für die mangelnde eigene Spendenbereitschaft ins Feld geführt. Ja, es sei möglicherweise sogar kontraproduktiv, zu spenden. Der renommierte kalifornische Humanökologe Garrett Hardin vertrat die Auffassung, dass solche Hilfe zum Überleben

schädlich sei, denn sie beschleunige das Bevölkerungswachstum. Das führe langfristig zu einer größeren Katastrophe, als wir sie derzeit haben. Bekannt ist seine »Lifeboat-These«, in der er die Nationen mit Rettungsbooten vergleicht, die keinesfalls überladen werden dürften, wenn wir nicht alle mit den Geretteten untergehen wollten. (Vgl. Bleisch/Schaber 2007, 16) Andere sind der Überzeugung, dass wir mit unserer Hilfe die Inaktivität der Betroffenen fördern würden und ihre langfristig wirkende Eigeninitiative behinderten; frei nach dem chinesischen Sprichwort: »Gib einem Hungrigen einen Fisch und er wird einen Tag satt. Lehre ihn angeln und er wird nie mehr hungern.« Das müsste unter Effektivitätsgesichtspunkten ebenfalls berücksichtigt werden.
Meines Erachtens sollte aufgrund der Widerstände gegen den Begriff der positiven Pflichten, die Thomas Pogge ins Feld geführt hat, auf die Unterscheidung von positiven und negativen Pflichten verzichtet werden. Es reicht gänzlich, davon auszugehen, dass moralische Regeln immer in Verbote und Gebote gekleidet sind: Man muss Hilfsbedürftigen helfen und hat die Schädigung anderer zu unterlassen, man muss Leben schützen und darf niemanden töten usw. So vermeidet man, dass man sich mit den von Pogge genannten Widerständen auseinandersetzen muss, und kommt dennoch in der Diskussion um die Reichweite der moralischen Gemeinschaft weiter. In diesem Kontext könnte man die Vorschläge von Corinna Mieth erneut aufgreifen, denn aus ihnen ließe sich ein Reichweitekriterium entwickeln, ähnlich wie es William D. Ross für den Fall von konfligierenden Pflichten vorgeschlagen hat. Danach würde die Grenzziehung folgendermaßen aussehen: Kann man nicht zugleich seinen nahen Angehörigen in der Notsituation und dem 15 000 km weit entfernten Kind helfen, muss man sich entsprechend dem Kriterienkatalog von Corinna Mieth für die Nahestehenden entscheiden, wenn man dadurch schon die Grenzen der Zumutbarkeit (2. Kriterium) erreicht hat.

Wie schwierig, doch gleichzeitig von allen als dringlich erachtet es ist, dem Problem der Weltarmut zu begegnen, zeigt sich an der Vielzahl von philosophischen Begründungen für eine effektive Lösung. Die Autoren orientieren sich dabei an verschiedenen Rechtsfiguren. Anwander und Bleisch bedienen sich der Figur der ungerechtfertigten Bereicherung. (Vgl. Anwander/Bleisch 2007) Im Bürgerlichen Gesetzbuch lesen wir im § 812 Absatz 1 Satz 1: »Wer durch die Leistung eines anderen oder in sonstiger Weise auf dessen Kosten etwas ohne rechtlichen Grund erlangt, ist ihm zur Herausgabe verpflichtet.« Jeder Einzelne von uns profitiert beim Kauf eines billigen T-Shirts von der ungerechten Weltordnung. Wir seien deshalb verpflichtet, denen einen Beitrag zu zahlen, die uns durch ihre Leistung den Kauf des preisgünstigen T-Shirts oder anderer Dinge, die in armen Ländern produziert werden, ermöglicht haben. (Vgl. auch Anwander 2005, 45)

David Miller orientiert sich an einer anderen Rechtsfigur: an der Gefährdungshaftung. Er unterscheidet zwischen Ergebnis- und Beseitigungsverantwortung. Bei Ersterer wird danach gefragt, wer die Weltarmut zu verantworten habe. In der Regel, so merkt Miller an, werde ausschließlich nach der Beseitigungsverantwortung gefragt; so etwa von Peter Singer in seinem Teichbeispiel. Doch müssten diejenigen, die die Weltarmut verursacht haben, für die Schäden aufkommen, somit müsste nach der Ergebnisverantwortung gefragt werden. Allerdings sei das »mit der Armut in den Entwicklungsländern [...] nicht so einfach: Sie besteht chronisch, hat strukturelle Langzeit-Ursachen, und ein Leben, das heute gerettet wird, mag im nächsten Jahr aus unterschiedlichen Gründen verloren sein.« (Miller 2007, 157)

Dennoch meine ich, dass in konkret zu bestimmenden Einzelfällen ein Haftungsausschluss der Verursacher nicht zugelassen werden sollte. 1960 setzten Vertreter der Fischereiwirtschaft im ostafrikanischen Viktoriasee den Nilbarsch aus, der eine gute Vermarktung versprach. Er kommt in Europa, den USA, Japan und anderen reichen Ländern als beliebter Speisefisch auf den Markt. Weil der Nilbarsch die algenfressenden Fische ausrottet, ist der Viktoriasee nun durch Algen und andere Immissionen völlig verunreinigt. Die früheren einheimischen Fischer arbeiten inzwischen in den Fabriken. Ihr Einkommen reicht nicht, um sich den nahrhaften Barsch selbst kaufen zu können. Mangel- und Unterernährung sind die Folgen. Die Frauen, die früher die Fische, die ihre Männer gefangen hatten, auf dem Markt verkauft haben, haben inzwischen nur noch eine mögliche Einkommensquelle, die Prostitution. Die Region hat dadurch in der Folge die höchste HIV- und Aidsrate in Afrika. Es gibt weitere überaus negative Folgen. (Vgl. Jäger 2007) In einem solchen Fall lässt sich der Verursacher leicht ausmachen und er hätte nach der Figur der Gefährdungshaftung Schadenersatz zu leisten.

Weiterhin wichtig ist, dass sich auf der von Miller erwähnten strukturellen Ebene etwas ändert, denn wir haben es mit einem undurchsichtigen Geflecht von ökonomischen, politischen, rechtlichen und administrativen Akteuren zu tun, die in eingefahrenen Bahnen operieren, sodass Einzelne trotz guten Willens oft nichts ändern können. Zu Hoffnung Anlass gibt das von Kofi Annan 1999 gegründete Global Compact. (Vgl. Kreide 2007, 287) Das ist ein Zusammenschluss globaler Unternehmen, die sich weltweit für die Einhaltung der Menschenrechte und Sozialstandards, gegen Kinderarbeit, Gefangenenarbeit, Sklavenarbeit, Rassismus und Korruption einsetzen. Mehrere Tausend Unternehmen haben diesen Global Compact bereits unterzeichnet. (Vgl. Wieland 2008, 97) Darüber hinaus sind seit 2005 300 Akteure aus 50 Ländern bemüht, die ISO-Norm 26000 zu entwickeln, die die Standards sozialverantwortlichen Wirtschaftens festlegt. (Vgl. Wieland 2008, 98)

Werte und Normen

Um den Kreis zu schließen, zurück zur Metaethik, zu der die Frage nach dem Verhältnis von Werten und Normen gehört. Sind Werte und Normen objektiv und universell?

Das Gute

Das Verhältnis von Normen und Werten wird in der Moralphilosophie höchst uneinheitlich bestimmt. Was den Begriff der Normen anbetrifft, wird er überwiegend mit Handlungsanweisungen, Handlungsregeln, Geboten oder Verboten identifiziert. Außerdem besteht Einigkeit darüber, dass Werte gut sind und dass Gutes zu tun eine moralische Pflicht ist.
Der Begriff des Guten spielt in der Moralphilosophie eine zentrale Rolle. Doch was ist gut? Die Diskussion hat sich seit der Publikation von George Edward Moores *Principia Ethica* einigermaßen beruhigt. Moore (1873–1958) beginnt mit der fast schon redundanten Aussage, dass »wie ›gut‹ zu definieren ist, die fundamentalste Frage der ganzen Ethik ist. [...] Was also ist gut? Wie muß gut definiert werden?« (Moore 1996, 34) Und darauf gibt er eine nach diesem Auftakt überraschende Antwort: »Wenn ich gefragt werde ›Was ist gut?‹, so lautet meine Antwort, daß gut gut ist, und damit ist die Sache erledigt. Oder wenn man mich fragt ›Wie ist gut zu definieren?‹, so ist meine Antwort, daß es nicht definiert werden kann, und mehr ist darüber nicht zu sagen. Aber so enttäuschend diese Antworten klingen mögen, sie sind von äußerster Wichtigkeit.« (Moore 1996, 36) Warum ist das so?
»Gut« ist ein einfacher Begriff wie »gelb« und einfache Begriffe lassen sich nicht definieren. Wir kennen zwei Arten

von Definition, die synthetische und die analytische. In beiden Fällen werden zusammengesetzte Begriffe definiert. Wenn wir beispielsweise eine Gerade definieren, dann sagen wir, was in der Geometrie dafür festgelegt wurde: Die Gerade ist die kürzeste Verbindung zwischen zwei Punkten. Hier werden zwei Begriffe synthetisiert, nämlich die kürzeste Verbindung und die Distanz zwischen zwei Punkten. Darum sprechen wir in diesem Fall von synthetischer Definition. Oder wir definieren einen Körper, der ein bestimmtes Gewicht und eine bestimmte Ausdehnung hat. Dann sagt man, was in dem Begriff des Körpers schon enthalten ist, weil ein Körper ohne Ausdehnung und Gewicht kein Körper wäre. Im Fall des Körpers spricht man deshalb von einer analytischen Definition. Beide Arten von Definition kann man mit dem Attribut »gut« nicht vornehmen. Auf die Folgen, die es hätte, wenn wir das dennoch versuchen würden, hat Robert Spaemann hingewiesen: Wir müssten das Attribut »gut« durch ein anderes ersetzen, beispielsweise durch »gesund«. In dem Fall »könnte man gar nicht mehr sagen, daß Gesundheit meistens etwas Gutes ist, weil man damit ja nur sagen würde, daß Gesundheit gesund ist« (Spaemann 2004, 21). Dazu sagt nun Moore: »Viel zu viele Philosophen haben gemeint, daß sie, wenn sie diese anderen Eigenschaften nennen, tatsächlich ›gut‹ definieren; daß diese Eigenschaften in Wirklichkeit nicht ›andere‹ seien, sondern absolut und vollständig gleichbedeutend mit Gutheit. Diese Ansicht möchte ich den ›naturalistischen Fehlschluß‹ nennen.« (Moore 1996, 40f.) An dieser Stelle muss notwendigerweise eine Begriffsirritation stattfinden, denn David Hume bezeichnete den unzulässigen Schluss vom Sein auf das Sollen in der Moralphilosophie bereits als naturalistischen Fehlschluss. Der ist nun hier bei Moore nicht gemeint. Moore meint den naturalistischen Fehlschluss in seiner semantischen, Hume hingegen in seiner logischen Form. (Vgl. Schmid Noerr 2006, 139) – Nun sagt Moore weiter: »Ich behaupte nicht, daß *das* Gute, das, was gut ist, undefinierbar sei.« (Moore 1996, 38) Als Essenz der mooreschen Überlegungen ist festzuhalten: Soll das Attribut »gut« definiert werden, müssten wir es durch ein anderes Attribut ersetzen. Dies ist in seiner Terminologie ein naturalistischer Fehlschluss. Das Gute allerdings lässt sich definieren. Dazu später. Wichtig ist: Werte können immer mit dem Attribut »gut« belegt werden.

Die Natur moralischen Wissens

Wie man Wissen über Werte und Normen erlangt, ist ein zentrales Thema der Metaethik. Einer der wohl bedeutendsten Vertreter des Nonkognitivismus, der Theorie, die davon ausgeht, dass man moralisches Wissen nicht auf dieselbe Weise erlangen kann wie Sachwissen, ist Alfred Jules Ayer. (1910-1989) Er unterscheidet Wissen, das aus empirischen Tatsachen hervorgeht, von solchem, das auf Wertfragen beruht. (Vgl. Ayer 1981, 135) Bei Wertfragen müsse man zwischen deskriptiven und normativen Fragen unterscheiden. Es bestehe die Gefahr, diese zu verwechseln beziehungsweise zu vermischen. Deskriptiv ist für Ayer die Aussage, dass »eine bestimmte Verhaltensweise mit den Moralvorstellungen einer bestimmten Gesellschaft unvereinbar ist« (Ayer 1981, 139). Hier liege eine »gewöhnliche soziologische« Beschreibung vor. Normativ hingegen sei das unabdingbare Urteil »Das ist falsch« über eine bestimmte Verhaltensweise eines Menschen. Normative ethische Urteile sind demnach nicht auf empirische Tatsachen rückführbar. Das müsse notwendigerweise zu dem Eingeständnis führen, dass »die ethischen Grundbegriffe nicht analysierbar sind, da es kein Kriterium gibt, mittels dessen man die Gültigkeit der sie enthaltenen Urteile prüfen kann« (Ayer 1981, 141). Dies ist bei deskriptiven Aussagen anders, die man mittels einer soziologischen Analyse überprüfen kann. Ayer zufolge kann man moralische Urteile nur mit denen teilen, die »die gleiche moralische Erziehung genossen haben wie wir und in unserer

Gesellschaftsordnung leben« (Ayer 1981, 147). Ein Disput mit solchen Leuten über deren moralisches Verhalten dreht sich dementsprechend nicht »um eine Wertfrage, sondern um eine Tatsachenfrage« (Ayer 1981, 146). Wir würden dann versuchen, sie von unserer Auffassung zu überzeugen.

Charles Leslie Stevenson (1908–1979), ein anderer ambitionierter Vertreter des Nonkognitivismus, schreibt in diesem Zusammenhang, dass in moralischen Urteilen zwar immer ein deskriptives Element enthalten sei, aber immer auch etwas hinzukomme. Die Figur ist demnach »Deskription +«. Das »+« ist für Stevenson das Entscheidende bei moralischen Urteilen: »Die wesentliche Verwendung von Moralurteilen besteht nicht darin, auf Tatsachen zu verweisen, sondern darin, jemanden zu beeinflussen.« (Stevenson 1974, 121) Er führt zur Erläuterung ein seiner Meinung nach moralanaloges Beispiel an: A versucht B zu überzeugen, gemeinsam ins Kino zu gehen. B schlägt hingegen den Besuch eines symphonischen Abends vor. »Das ist eine Divergenz in einem völlig normalen Sinn. Die beiden können sich nicht darüber einigen, wohin sie gehen wollen, und jeder von beiden versucht, die Einstellung des anderen in seine Richtung zu lenken. [...] In der Ethik handelt es sich um Divergenz in den Einstellungen. Wenn C sagt, ›Dies ist gut‹ und D sagt, ›Nein, es ist schlecht‹, so haben wir einen Fall von Suggestion und Gegen-Suggestion.« (Stevenson 1974, 132) Nun kommen die deskriptiven Elemente ins Spiel, die bei der Abstützung moralischer Überzeugungen in analoger Weise auch ins Spiel kämen: »A könnte sagen, ›Aber hör mal, im Eldorado läuft ein Film mit der Garbo‹. Er hofft, daß B – ein Bewunderer der Garbo – den Wunsch bekommt, ins Kino zu gehen, wenn er weiß, was dort für ein Film läuft. B könnte entgegnen, ›Aber Toscanini ist der Gastdirigent beim heutigen Beethoven-Abend‹. Und so weiter. Jeder stützt seinen Imperativ (›Komm, wir machen das und das‹) mit Gründen, die empirisch fundiert sein können.« (Stevenson 1974, 133) Ethische Ausdrücke sind nach Stevenson nichts anderes als soziale Instrumente, womit man andere von der eigenen Auffassung zu überzeugen sucht. (Vgl. Stevenson 1974, 123 und 137) Dazu bringe man dann auch deskriptive Argumente ins Spiel, etwa: »Deinem Freund geht es dann besser, wenn du ihm bei der Steuererklärung hilfst, und für dich ist es nur ein geringer Verzicht, nicht zum Europapokalspiel zu gehen.«

Die Überzeugungsarbeit – und darin ist sich Stevenson mit Ayer einig – fällt umso leichter, als die Protagonisten derselben sozialen Gemeinschaft angehören: »Daß in einer Gemeinschaft eine größere Ähnlichkeit der moralischen Einstellungen vorliegt, als dies in verschiedenen Gemeinschaften der Fall ist, liegt weitgehend an folgendem: Moralurteile pflanzen sich selbst fort. Einer sagt ›Dies ist gut‹; das mag jemand anderen beeinflussen, es wertzuschätzen; dieser äußert nun dasselbe Moralurteil, welches wiederum eine andere Person beeinflußt, und so weiter. [...] Zwischen Mitgliedern weit voneinander entfernter Gemeinschaften ist dieser Einfluß natürlich weniger stark; daher haben verschiedene Gemeinschaften verschiedene Einstellungen.« (Stevenson 1974, 124) Stevenson stellt also auf die soziale Basierung und Eingebundenheit der Moral ab. Moralische Urteile sind für ihn allerdings noch von weiteren Elementen abhängig: von den individuellen Überzeugungen, von individuellen Präferenzen, vom Habitus und von der sozialen Stellung, die derjenige hat, der ein moralisches Urteil äußert. Wenn sich zum Beispiel jemand zur Frage der Arbeitslosenunterstützung äußere, hänge sein Urteil stark davon ab, ob »A arm und arbeitslos und B reich« sei. (Stevenson 1974, 134)

Die Gegenposition zur nonkognitivistischen von Alfred Jules Ayer und Charles Leslie Stevenson vertritt Hilary Putnam. (Vgl. Putnam 1982, 179 ff.) Dass dem naturwissenschaftlichen Wissen Objektivität bescheinigt würde, dem moralischen aber nicht, beruht nach seiner Ansicht auf einem Irrtum darüber, was Objektivität bedeutet. Putnam (*1926) sieht keinen Unterschied zwischen der Erkenntnis deskripti-

ven und normativen Wissens. Wissenschaftliches Wissen ist für ihn ebenfalls »intrinsisch normativ« (Ernst 2008, 223). Auch andere Philosophen, wie neuerdings Gerhard Ernst, verfolgen die Strategie, die Objektivität moralischen Wissens nachzuweisen, indem sie die »Analogie zwischen moralischer und wissenschaftlicher Erkenntnis« aufzeigen. (Ernst 2008, 212) Putnam argumentiert in folgender Weise:
- Die Wissenschaftler wollen ein Weltbild konstruieren, das die Kriterien rationaler Akzeptierbarkeit erfüllt. Die Wahrheit, die das Ziel einer jeden wissenschaftlichen Bemühung ist, empfängt ihr Leben erst durch die Kriterien rationaler Akzeptierbarkeit.
- Woher aber wissen wir, dass eine Aussage wahr ist? Putnams Antwort lautet: Sie ist dann wahr, wenn wir innerhalb einer wissenschaftlichen Theorie eine Erklärung darüber abgeben können, wie sich aus dem Wechselspiel von Sinnesorganen und Außenwelt Wahrnehmungen ergeben, denn in der Wissenschaft geht es um den Versuch, eine Repräsentation der Welt zu konstruieren. Oder anders formuliert: Es geht jedem Wissenschaftler darum, ein wahres Bild der Welt zu erzeugen.
- Dies gelingt nur, wenn man sich von den Kriterien der rationalen Akzeptierbarkeit leiten lässt. Diese sind: Kohärenz, Komplettheit, funktionale Einfachheit und instrumentelle Effizienz. Das sind nach Putnam die Werte der Wissenschaft. Die empirische Welt (Außenwelt) ist von diesen Kriterien der rationalen Akzeptierbarkeit abhängig.
- Dass die Wissenschaft nicht »wertneutral« ist, zeigt uns noch nicht, dass ethische Werte objektiv sind oder Ethik eine Wissenschaft ist. Dass Erkenntnistugenden wie »Kohärenz« und »funktionale Einfachheit« Kriterien der rationalen Akzeptierbarkeit sind, zeigt allerdings, dass es Werte sind, die für Eigenschaften von Dingen stehen, und nicht bloße Gefühlsausdrücke. Sie sind Werteigenschaften.
- Zu den Erkenntnistugenden gehören nach Putnam auch: »gerechtfertigt«, »bestätigt«, »beste der vorhandenen Erklä-

rungen«. Man könne weiterhin nicht leugnen, dass es sich bei »kohärent«, »einfach«, »gerechtfertigt« um Wertausdrücke handelt, weil sie Wertimplikate haben. Ebenso wie »freundlich«, »schön«, »gut« würden sie als lobende Ausdrücke verwendet. Putnam kommt zu dem Ergebnis, dass es keine wertneutrale Rationalitätsauffassung gibt.

– Doch ohne unsere Rationalitätsauffassung hätten wir keine Welt und somit keine Tatsachen. Man muss die erkenntnisbezogenen Werte als Tatsachen ansehen. Die Maßstäbe rationaler Akzeptierbarkeit sind notwendig, um überhaupt eine Welt zu haben, sei es eine Welt »empirischer Tatsachen« oder eine Welt von »Werttatsachen«.

Jürgen Habermas fasst die hier dargestellte Auffassung von Hilary Putnam treffend zusammen: »Putnam behauptet [...] ein Kontinuum zwischen Tatsachen- und Werturteilen. Unserer Sicht auf die Dinge sind Interessen und Wertorientierungen so tief eingeschrieben, daß es ein sinnloses Unterfangen wäre, den wertimprägnierten Tatsachen alles Normative abstreifen zu wollen. Wenn schon empirische Aussagen, an deren Wahrheit wir nicht zweifeln, mit Wertbindungen unauflöslich verflochten sind, ist es – so heißt das zentrale Argument – ebenso sinnlos, den evaluativen Aussagen, die solche Werte explizit zum Ausdruck bringen, zu bestreiten, wahr oder falsch sein zu können.« (Habermas 2002, 280) Putnam neige nicht nur in der theoretischen, sondern ebenso in der praktischen Philosophie zum Realismus und verteidige »die Objektivität von Wertorientierungen gegenüber nonkognitivistischen wie gegenüber relativistischen Ansätzen« (Habermas 2002, 281).

Es gibt also zwei entgegengesetzte Auffassungen über Wertorientierung. Für Nonkognitivisten wie Alfred Jules Ayer ist Wissen darüber auf andere Weise zu erlangen als deskriptives. Für Kognitivisten wie Hilary Putnam ist jede Art der Erlangung von Wissen, ob naturwissenschaftliches, soziales oder moralisches, wertgebunden. Und damit wird dem Wissen die Objektivität nicht abgesprochen. Kognitivisten machen darum nicht den Unterschied bei der Erlangung von Wissen, den Nonkognitivisten machen. Kognitivisten wie Hilary Putnam sehen eine Analogie von wissenschaftlicher Erkenntnis und Werterkenntnis.

Das Verhältnis von Werten und Normen

Das Verhältnis von Normen und Werten ist in der Moralphilosophie erst im Zuge der Entstehung der materialen Wertethik Max Schelers und Nicolai Hartmanns zum zentralen Thema avanciert. Laut Scheler (1874–1928) besteht der Zusammenhang darin, dass die Normen sich aus den Werten und ihren Kriterien, wie Scheler sie vorgeschlagen hat, ergeben. (Vgl. Scheler 1966, 30f.) Werte sind für ihn materiale Qualitäten, die unabhängig davon sind, ob jemand sie als wertvoll erachtet oder nicht: Scheler sagt, dass uns der Wert gegeben ist, »*ohne* dass uns die *Träger* dieses Wertes gegeben sind« (Scheler 1966, 40). Ein Wert ist nach seiner Ansicht umso höher einzustufen, je unabhängiger er vom Träger des Wertes ist. (Vgl. Scheler 1966, 118) Auch für Nicolai Hartmann (1882–1950) bestehen Werte völlig unabhängig davon, ob sie von Menschen als wertvoll betrachtet werden oder nicht. Für ihn gibt »es ein an sich bestehendes Reich der Werte« (Hartmann 1962, 156). Wie mathematische Entitäten haben Werturteile den Charakter der Allgemeinheit, der Notwendigkeit und der Objektivität. Doch was ist mit dem, der ein abweichendes Werturteil fällt? Es sei, schreibt Hartmann, »hiermit ebenso wie mit der mathematischen Einsicht. Nicht jeder ist ihrer fähig; nicht jeder hat den Blick, die ethische Reife, das geistige Niveau, den Sachverhalt zu sehen, wie er ist.« (Hartmann 1962, 155)
Alles Wertvolle soll realisiert werden und alles Wertlose unterlassen bleiben. Die Realisierung wird durch moralische Normen gewährleistet: Man soll das Wertvolle tun. (Vgl. Scheler 1966, 211) So stellt sich der Zusammenhang von

Werten und Normen in der materialen Wertethik dar. Der Sache nach sieht Nicolai Hartmann es ebenso; nur dass er von idealem (Wert) und realem (Norm) Seinsollen spricht. (Vgl. Hartmann 1962, 156)

Für Jürgen Habermas (*1929) sind Werte kulturelle Werte, man denke etwa an eine bestimmte lokale Heiratszeremonie. Normen hingegen gelten universell, so etwa die Pflicht, Grausamkeit gegenüber anderen Menschen zu unterlassen. (Vgl. Habermas 2002, 296) Die objektive Geltung einer universalistischen Moral sei durch die umfassender werdende Weltgemeinschaft gegeben, meint Habermas. Sie würde im Diskurs durch die Zustimmung aller faktisch und potenziell betroffenen Personen gefunden. Habermas verengt die Objektivität von Normen auf deren Generierung im Diskurs. Logischerweise müssten sie demnach als intersubjektive und nicht als objektive Normen bezeichnet werden. Nichtmoralische Werturteile wie Keuschheit verdienten – so Habermas – keine allgemeine Zustimmung, sondern nur die Anerkennung derjenigen, die einer bestimmten Wertgemeinschaft wie der Kirche angehörten.

Die Nichtunterscheidung von Werten und Normen gefährde die universalistische Auffassung von Moral. (Vgl. Habermas 2002, 299) Eine solche Unterscheidung mache es erst möglich, universelle Normen zu ermitteln, die nicht von einer bestimmten Kultur abhängig sind, wohingegen gemeinschaftliche Wertvorstellungen wie Keuschheit oder voreheliche Enthaltsamkeit oder Traditionen wie die Heiratszeremonie nicht als universelle Normen tauglich sind.

Dieser Auffassung widerspricht Hans Joas (*1948). Er hält zwar – sich am klassischen Pragmatismus von John Dewey, William James und George Herbert Mead orientierend – an der Trennung und Unterscheidung von Werten und Normen fest, doch konnotiert er die Begriffe gänzlich anders als Habermas. Synonym für die Begriffe »Normen« und »Werte« setzt er die Begriffe »das Rechte« und »das Gute« und sagt, es sei »nicht so, als sei die Bestimmung der beiden Begriffe selbst einhellig und nur ihr Verhältnis umstritten; vielmehr hängt schon die Auffassung vom Guten und vom Rechten von weiteren Annahmen anthropologischer oder metaphysischer Art ab« (Joas 1997, 258). Für ihn sind Werte das »Attraktiv-Motivierende« und Normen das »Restriktiv-Obligatorische« (Joas 1997, 288). So wurden sie von den klassischen Pragmatisten bestimmt. (Vgl. Joas 2002, 271) Bei den Werten kommt für Joas eine stark affektive Dimension ins Spiel. Werte sind für ihn nicht so wie für die materialen Wertethiker unabhängig von den Subjekten. Für Joas ist die Aussage Schelers, dass Werte unabhängig davon bestehen, was die Menschen als wertvoll ansehen oder nicht, schlicht falsch. Wir fühlten uns nach Joas' Ansicht »in unserem Leben an bestimmte Werte gebunden. [...] Das heißt, daß wir unsere Wertbindungen nicht plausibel machen und nicht verteidigen können, ohne Geschichten zu erzählen – Geschichten über die Erfahrungen, aus denen unsere Bindungen erwuchsen, Geschichten über Erfahrungen anderer Menschen oder über die Folgen, die eine Verletzung unserer Werte in der Vergangenheit hatte.« (Joas 2002, 277) Wir sehen, dass Joas im Gegensatz zu den Vertretern der materialen Wertethik eine starke Personbindung der Werte vertritt.

Kann es denn dann überhaupt universelle Werte geben? Joas setzt sich hier strikt von Habermas ab. Er schreibt, dass es im habermasschen Diskurs nicht nur um das Zuhören geht, sondern um das Überzeugen des Zuhörers. Vom Zuhörer wird für den Fall, dass im Diskurs die Argumente des Gegenübers plausibler und damit stärker sind, erwartet, dass er die Auffassung des Gegenübers akzeptiert. Wenn Ersterer allerdings bessere Gründe vorbringt, wird erwartet, dass umgekehrt sein Gegenüber diese Auffassung übernimmt. Joas hingegen beharrt auf der Resistenz unterschiedlicher kultureller Werte, über die man sich allerdings verständigen könne: »Zwar kann ein bestimmter Wert, etwa der Glaube an die jedem Menschen angeborene und unveräußerliche Menschenwürde, als Produkt einer bestimmten Kulturtradition angesehen werden, in diesem Fall etwa der jüdisch-christlichen Tradition, aber das heißt nicht, daß andere Traditionen nicht im Licht dieses Werts reinterpretiert werden könnten oder vielmehr sich selbst reinterpretieren könnten, so daß ihr eigenes Potential zur Artikulation desselben Werts zum Vorschein kommen kann. Eben dies aber setzt voraus, daß eine solche Reinterpretation nicht von der affektiven Gestütztheit einer Tradition abgekoppelt wird.« (Joas 2002, 278) Hans Joas kommt also trotz der Annahme einer starken kulturellen Kontingenz zur Auffassung der Universalität von Werten.

Die Objektivität von Werten und Normen

Theoretiker des moralischen Realismus, wie Hilary Putnam (vgl. Putnam 2002), mit dem sich sowohl Habermas wie Joas auseinandersetzen, vertreten in dreierlei Hinsicht eine gänzlich andere Auffassung. Zum einen zeigen sie, dass wir eben nicht darüber diskutieren und abstimmen – oder wie Habermas sagt: diskursiv ermitteln –, ob man einer moralischen Regel folgen soll oder nicht. Zum anderen führen sie, im Gegensatz zu Hans Joas, vor, dass Werte unabhängig von der Personbindung bestehen. Des Weiteren wird dargelegt, dass es im Gegensatz zu Joas' und Habermas' Auffasssung eine enge Verbindung zwischen Werten und Normen gibt. Alle drei Punkte deuteten sich in der Theorie der materialen Wertethik bereits an. Nun zu diesen drei Punkten, die das Spezifische des moralischen Realismus ausmachen:

Erstens: Die Forderung, dass wir Versprechen halten, fair sein und die Wahrheit sagen sollen, ist funktional betrachtet in unserem menschlichen Zusammenleben notwendig. Davon war im Funktionalismus-Kapitel unter Bezugnahme auf Niklas Luhmann bereits die Rede. In substanzieller Hinsicht sagen moralische Realisten, dass die Forderung, mit anderen Menschen nicht grausam umzugehen, darin begründet ist,

dass es schlecht für sie ist. Das kann nicht erst das Ergebnis eines Diskurses sein. Deshalb sagt der Common Sense, es ist eine moralische Tatsache, dass man mit anderen Menschen nicht grausam umgehen soll. Daraus ergibt sich, was durch die moralische Pflichterfüllung konkret geschützt werden soll: Es ist der Sinn moralischer Normen, Menschen, die vom Handeln anderer betroffen sind, zu schützen.
Dasselbe gilt für Werte. Auch sie sind objektiv und nicht erst diskursiv zu ermitteln. Der Soziologe Niklas Luhmann ist davon überzeugt, dass Werte mit der beschriebenen unbezweifelbaren Evidenz bereits in unserer Kommunikation enthalten sind: »Werte ›gelten‹ in der Kommunikationsweise der Unterstellung. Man geht davon aus, daß in bezug auf Wertschätzungen Konsens besteht.« (Luhmann 2008, 241) Werturteile laufen in der Kommunikation mit und werden nicht eigens thematisiert, »ihr Akzeptiertsein wird unterstellt. Wenn man explizit fragt: bist Du für Frieden?, erweckt das den Verdacht auf Hintergedanken. Wer sich rühmt, Werte zu bejahen oder Unwerte abzulehnen, redet trivial.« (Luhmann 2000, 359)
Zweitens: In welchem Sinne sind Werte, die uns zu moralischen Handlungen verpflichten, objektiv und nicht personabhängig? Dass wir im Alltag davon ausgehen – was wir ja meist tun –, ist noch kein Beweis, bestenfalls der »Schein eines moralischen Realismus«, wie Habermas sagt. (Habermas 1999, 317) Werte bestehen »unabhängig davon, ob sie von Menschen als wertvoll angesehen werden oder nicht«, denn sie *sind* wertvoll. (Schaber 2000, 341) Welche Werte können das sein? Es sind solche, die zum Wohlergehen der Menschen beitragen, wie Gerechtigkeit, Frieden, Freiheit, Schutz des Lebens, Schutz der physischen und psychischen Integrität. Wenn etwas zum Wohl der Menschen beiträgt, dann *ist* es wertvoll. 81 Prozent der Jugendlichen in Deutschland geben solchen Werten folgende Rangfolge: »1. Eine Welt in Frieden, 2. Familiäre Sicherheit, 3. Innere Harmonie, 4. Wahre Freundschaft, 5. Freiheit.« (Merten 1994, 234) Ein

Vergleich verschiedener Untersuchungen zeigt die völlige Übereinstimmung der 13- bis 29-jährigen ost- und westdeutschen Jugendlichen in ihren Wertorientierungen. Sie bewegen sich »im gängigen Spektrum bürgerlicher Wertorientierungen« (Merten 1994, 236). Hier passt die Kommentierung, dass neue Werte kurze Beine haben. (Vgl. Merten 1994, 245) Neuere Daten der Shell-Jugendstudie von 2006 bestätigen diese Befunde. Die Autoren sind der Auffassung, dass die Jugendlichen ein stabiles Wertesystem haben. (Vgl. Gensicke 2006, 175) Mit hoher Präferenz werden von Jugendlichen zwischen 12 und 25 Jahren die Werte Freundschaft, Partnerschaft, Familienleben, Eigenverantwortung genannt. (Vgl. Gensicke 2006, 177)

In diesem Zusammenhang muss erneut daran erinnert werden, dass man Werte, Moral, Traditionen, Konventionen und Recht unterscheiden muss. Tut man dies nicht, kommt es unweigerlich zu der Klage über den Werteverlust bei Jugendlichen. »Sicherlich mag festzustellen sein, daß gewisse Formen ›höflichen Verhaltens‹ (z. B. das Aufhalten einer Tür, das Freimachen eines Sitzplatzes usw.) und konventioneller Formen sich zunehmend auflösen (allerdings nicht nur bei Kindern und Jugendlichen), aber von diesem Faktum auf das Verschwinden von Moral, auf den Verlust von Werten zu schließen, wäre ebenso unberechtigt wie falsch.« (Merten 1994, 244) Man kann nur feststellen, dass sich solche Konventionen ändern und dass selbst diejenigen, die solche Konventionen noch als Kinder und Jugendliche gelernt und für wichtig erachtet haben, solche Verhaltensweisen als unangebracht, affektiert und eben nicht mehr den Konventionen entsprechend betrachten. Das ist aber etwas gänzlich anderes als Werteverlust. Das werde ich im Folgenden begründen.

Dass in verschiedenen Kulturen jeweils andere Wege zur Realisierung dieser Werte beschritten werden oder die Menschen in jeweils anderer Weise verpflichten, wurde bereits gezeigt. Genauso wie zwei Menschen Unterschiedliches schätzen, gibt es Unterschiede zwischen Mitgliedern verschiedener Gesellschaften in der Bewertung dessen, was wertvoller ist. Was *ist* nun wertvoll? Für den einen Menschen ist es das Bergsteigen, für den anderen ein Glas Rotwein am Abend, für einen weiteren das Bungee-Jumping und für den Wallfahrer die Selbstkasteiung. Was wir vorziehen, hängt von unseren subjektiven Präferenzen ab. Der Wert ist mithin nicht jede dieser Tätigkeiten selbst, sondern die Werteigenschaft ist das »Zum-Wohl-Beitragen« der jeweiligen Aktivität. (Vgl. Schaber 2000, 350) Etwas ist für einen Menschen wertvoll, wenn es zu seinem Wohl beiträgt. Das »Zum-Wohl-Beitragen« des Bergsteigens, des Rotweingenusses, des Bungee-Jumpings oder der Selbstkasteiung ist objektiv wertvoll, nicht hingegen die jeweilige Tätigkeit, die dazu führt.

Wenn es nicht um verschiedene Menschen geht, sondern um verschiedene Regierungen, müssen sie sich folglich nicht darüber unterhalten, dass Frieden ein hoher Wert ist, denn er trägt zum Wohl der Menschen bei, sondern nur darüber, wie man ihn am besten realisiert. Staatsmächte streiten darüber, ob Abschreckung oder Abrüstung besser ist. Darüber hinaus können in Bezug auf das, was dieser Wert beinhaltet, andere Sachinformationen bestehen oder die Folgen entsprechend den jeweils anderen Sachinformationen anders eingeschätzt werden. (Vgl. Schaber 2000, 353) Jedenfalls ist die Werteigenschaft des Friedens das »Zum-Wohl-Beitragen«, und dieser Wert ist objektiv, universell und unstrittig. Daran ändert die Tatsache nichts, dass man unterschiedliche Wege geht, den Frieden zu erhalten, dass man unterschiedliche Sachinformationen über die Umstände hat, den Frieden zu erhalten, und demnach das, was man unter Frieden versteht, jeweils anders konnotiert sein kann. Unterschiedliche Wege der Realisierung, andere Sachinformationen und verschiedene Konnotationen können den Anschein erwecken, wir erlebten einen kulturell bedingten Werterelativismus. Von dieser Auffassung muss man schnell Abschied nehmen, wenn man weiß, dass die zugrunde liegende Werteigenschaft das

»Zum-Wohl-Beitragen« ist. Und diese Werteigenschaft ist es, die objektiv und universell ist.

Die dargestellte Diskussion zeigt, dass es im Gegensatz zu Habermas' und Joas' Auffassung objektive Werte gibt, die für unser menschliches Zusammenleben notwendig sind und nicht erst im Diskurs generiert werden müssen. Sie sind objektiv und in der Lage, bei ihrer Realisierung zum Wohl der Menschen beizutragen. Insofern kann Ratzinger richtigerweise sagen, dass Werte nicht von uns *er*funden, sondern *ge*funden werden müssen. (Vgl. Ratzinger 2005, 125) Doch wie soll man sie finden? Dass es Werte gibt, merkt man meist erst in dem Moment, in dem jemand sie bestreitet oder gegen moralische Regeln verstößt, die aus Werten abgeleitet sind. Die Realität von Werten muss man analog zu den nicht zu beobachtenden Entitäten in den Naturwissenschaften sehen. Um ein funktionales Argument zu benutzen: Der Erfolg der mit unbeobachtbaren Entitäten operierenden Wissenschaften spricht für ihre realistische Deutung. (Vgl. Hoyningen-Huene 2007)

Immanuel Kant etwa ging von der Realität der Gravitation aus. (Vgl. KrV B 691 und Metaphysische Anfangsgründe der Naturwissenschaft A 71) Nur weil man sie nicht direkt sehen kann und ihr Beweis nur indirekt durch die von ihr hervorgerufenen Wirkungen möglich ist, hätten weder Kant noch sonst jemand die Existenz der Gravitation bestritten. In Analogie dazu kann man nicht die Existenz der Werte und der sich daraus ableitenden Moral bestreiten, nur weil man sie nicht unmittelbar sehen kann. Wir können die Werte und die Moral ebenso wenig direkt sehen wie die Gravitation. Auch sie kann man nicht unmittelbar erfassen, sondern an ihren Auswirkungen, am Fallen eines Apfels, an der Bewegung der Planeten und an Ebbe und Flut. Die Existenz der Moral kann man beispielsweise an der Empörung über unmoralisches Handeln, wie Steuerhinterziehung im großen Stil, erkennen. Oder daran, dass jemand sich moralisch verhält, sich für andere einsetzt, ihnen hilft oder amnesty international und

Hilfsorganisationen gegen die Armut in der Welt unterstützt. Deutlich wird hierbei, dass moralischer Kognitivismus, wie ihn unter anderem Putnam vertritt, und moralischer Realismus zusammengehören.

Vertreter des moralischen Realismus haben zum Nachweis der Objektivität von Werten und moralischen Normen in der Nachfolge von George Edward Moore auch die Supervenienztheorie herangezogen. Mit ihr ist ein ebensolcher indirekter Beweis möglich wie im Fall der Gravitation. Die Anhänger der Supervenienztheorie gehen davon aus, dass es sich bei moralischen um supervenente Eigenschaften handelt (wenn eine Eigenschaft A supervenient ist, bedeutet das, dass es andere Eigenschaften gibt, die bewirken, dass etwas A ist). Danach gibt es moralische Fakten, die in einer supervenienten Beziehung zu empirischen Fakten stehen. Man sagt: »Moralische Wahrheit superveniert auf nicht-moralischer Wahrheit.« (Ernst 2008, 51) Um zu zeigen, dass es sich um eine superveniente Eigenschaft handelt, müssen die ihr zugrunde liegenden subvenienten Eigenschaften bekannt sein und geprüft werden. »Um zu wissen, daß es warm ist, brauche ich nichts über die Verteilung von Molekülen usf. zu wissen, auch wenn diese die subveniente Basis für Wärme bilden. Um zu wissen, daß eine Besteuerung ungerecht ist, genügt es nicht, *daß* die entsprechenden subvenienten Eigenschaften im konkreten Fall instantiiert sind, ich muß auch *um sie wissen*.« (Halbig 2007, 303) Ungerechtigkeit hat zum Beispiel die subveniente Basis (Explanans) Verelendung oder krasse Ungleichheit. »Auch wenn die Eigenschaft der Ungerechtigkeit in jedem einzelnen Fall durch spezifische subveniente Eigenschaften konstituiert wird, hätte sie doch auch durch andere (allerdings nicht durch beliebig andere) Eigenschaften konstituiert sein können.« (Halbig 2007, 305) Wir könnten demnach feststellen, dass dann, wenn ein großer Teil der Bevölkerung in absoluter Armut lebt, zu dieser Tatsache die Feststellung superveniert, dass es sich um eine ungerechte Tatsache handelt. Es handelt sich um ein wahres moralisches

Urteil deshalb, weil ein moralisches Urteil genau dann wahr ist, »wenn das, was in ihm beurteilt wird, objektiv der Fall ist« (Halbig 2007, 237). Moralische Eigenschaften sind superveniente Eigenschaften, die nicht immer unmittelbar erkannt werden. Das bedeutet nun nicht, dass sie nicht objektiv sind und nicht erkannt werden könnten. Wenn wir sie nicht erkennen, liegen meist Kognitionshindernisse vor. Mit der Nichterkenntnis von moralischen Wahrheiten verhält es sich, wie bereits zitiert, »ebenso wie mit der mathematischen Einsicht. Nicht jeder ist ihrer fähig; nicht jeder hat den Blick, die ethische Reife, das geistige Niveau, den Sachverhalt zu sehen, wie er ist.« (Hartmann 1962, 155)

Drittens zeigt sich die enge Verbindung von Werten und Normen. Die genannten Werte verpflichten uns zu Handlungen, weil es gut ist, Wertvolles zu realisieren, denn der Sinn moralischen Handelns ist es, Gutes zu tun und das Böse zu unterlassen. Daraus ergibt sich wiederum, dass es der Sinn von verpflichtendem moralischem Handeln ist, das durch Normen angeleitet wird, zum Wohl der Menschen beizutragen. Weitergehend schützen moralische Normen die Menschen, die vom Handeln anderer betroffen sind, in ihrer physischen und psychischen Integrität. Nehmen wir ein Beispiel: Ein für uns hoher Wert ist die Gesundheit. Zu diesem Wert gibt es moralische Normen: »Du sollst andere nicht schädigen« als Verbotsregel oder »Du sollst die physische und psychische Integrität anderer wahren und befördern« als Gebotsregel.

Bei den Werten müssen wir auf die zugrunde liegende Werteigenschaft zurückgehen. »Wertvoll« wurde bestimmt als das »Zum-Wohl-Beitragen«, und das ist gut für die Menschen. Das allen Werten Zugrundeliegende ist das Gute. Das Gute lässt sich nach Moore definieren. Es handelt sich – wie gesehen – um eine synthetische Definition: Wir können das Gute als das »zum Wohl der Menschen Beitragende« definieren. Können wir das auch bei Normen? William D. Ross hat verschiedene Bereiche genannt, in seiner Terminologie die

Prima-facie-Pflichten, in die wir alle moralischen Pflichten einordnen können. (Ross 2002, 21) All diesen moralischen Pflichten liegt die Pflicht zugrunde, das Wohl aller Menschen zu befördern (»there is a positive duty to seek the good of all men«). (Ross 2002, 30) Wenn das geschieht, dann wird das Gute realisiert.

Werte und Normen im Recht

Dieselben Konsequenzen wie für moralische Normen sehe ich auch für rechtliche. Ein Beispiel aus der deutschen Geschichte: Ratzinger zufolge hat »das Nürnberger Kriegsverbrechertribunal nach dem Krieg vollkommen zu Recht gesagt: Es gibt Rechte, die von keiner Regierung angetastet werden dürfen. Und wenn auch das ganze Volk es wollte, bliebe es dennoch Unrecht. Deshalb hat man rechtmäßig Menschen verurteilen können, die die Gesetze eines Staates ausgeführt hatten, die formal rechtmäßig zustande gekommen waren. [...] Deshalb bin ich mit der ›historisierenden‹ Argumentation nicht einverstanden, nach der es für alle Werte im Laufe der Geschichte eine Gegenposition gegeben habe und nichts, was einer bestimmten Kulturepoche als Verbrechen galt, nicht in einer anderen als positiver Wert verehrt wurde. Diese rein statistische Tatsache beweist nur das Problem der menschlichen Geschichte und die Fehlbarkeit des Menschen.« (Ratzinger 2006, 52)
Die Basis für die Verurteilung der Kriegsverbrecher bildete das Kontrollratsgesetz Nr. 10 vom 20. Dezember 1945. In dessen Artikel 2 heißt es: »Jeder der folgenden Tatbestände stellt ein Verbrechen dar: [...] c) *Verbrechen gegen die Menschlichkeit*. Gewalttaten und Vergehen, einschließlich der folgenden den obigen Tatbestand jedoch nicht erschöpfenden Beispiele: Mord, Ausrottung, Versklavung, Zwangsverschleppung, Freiheitsberaubung, Folterung, Vergewaltigung oder andere an der Zivilbevölkerung begangene unmenschliche

Handlungen; Verfolgung aus politischen, rassischen oder religiösen Gründen, ohne Rücksicht darauf, ob sie das nationale Recht des Landes, in welchem die Handlung begangen worden ist, verletzen.«
Im Urteil wird auf diese Rechtsgrundlage Bezug genommen. Dort heißt es: Der »Gerichtshof hat das Recht, Personen abzuurteilen und zu bestrafen, die durch ihre im Interesse der europäischen Achsenländer ausgeführten Handlungen, sei es als Einzelperson, sei es als Mitglieder von Organisationen, eines der folgenden Verbrechen begangen haben«. Dann folgt die Aufzählung aus dem Kontrollratsgesetz Nr. 10. (Das Urteil von Nürnberg 1946, 13 f.)
Hannah Arendt hat sich zu Recht über die Formulierung aufgeregt, dass es sich hier um Verbrechen gegen die Menschlichkeit handeln solle. Sie sieht darin eine Verniedlichung. »Als hätten es die Nazis lediglich an ›Menschlichkeit‹ fehlen lassen, als sie Millionen in die Gaskammern schickten, wahrhaftig *das* Understatement des Jahrhunderts.« (Arendt 1987, 324) Diese Morde sind in der Tat ein Verbrechen an der gesamten Menschheit, auch an denen, die nicht unmittelbar betroffen waren oder sind. Es ist ein Angriff auf die Menschheit insgesamt, weil »die völkerrechtliche Ordnung der Welt und die Menschheit im ganzen dadurch aufs schwerste verletzt und gefährdet sind« (Arendt 1987, 325). Festzuhalten ist, dass es objektive und universelle Werte gibt, die auf die genannte Weise, doch nicht nur auf diese Weise verletzt werden können. Folglich geht die Geltendmachung des Rückwirkungsverbots (»Eine Tat kann nur bestraft werden, wenn die Strafbarkeit gesetzlich bestimmt war, bevor die Tat begangen wurde«) seitens der Verteidiger im Nürnberger Prozess ins Leere. Die Angeklagten sind nicht aufgrund eines Gesetzes, das erst nach Begehung der Taten erlassen wurde, bestraft worden, sondern aufgrund von immer schon bestehenden Normen, die Verbrechen gegen die Menschheit verbieten, und die heute in der »Allgemeinen Erklärung der Menschenrechte« festgehalten sind.

Der Ursprung der objektiven und universellen Werte und Normen muss den Philosophen ebenso wenig interessieren wie den Naturwissenschaftler der Ursprung der Gravitation. Er hat sie zu untersuchen, wobei er davon ausgeht und auch ganz einfach davon ausgehen kann, dass es sie gibt. Für den Philosophen verhält es sich mit den Werten und Normen ebenso.

Zitierte Literatur

Anwander, Norbert: Contributing and Benefiting: Two Grounds for Duties to the Victims of Injustice, in: Ethics and International Affairs, 19. Jg. (2005), 39–45

Anwander, Norbert und Bleisch, Barbara: Beitragen und Profitieren. Ungerechte Weltordnung und individuelle Verstrickung, in: Bleisch, Barbara und Schaber, Peter (Hg.): Weltarmut und Ethik, Paderborn 2007, S. 171–194

Arendt, Hannah: Karl Jaspers, Briefwechsel, München/Zürich 1985

Arendt, Hannah: Eichmann in Jerusalem. Ein Bericht von der Banalität des Bösen. Mit einem einleitenden Essay von Hans Mommsen, 6. Aufl., München 1987

Arendt, Hannah: Ich will verstehen. Selbstauskünfte zu Leben und Werk, München 1996

Arendt, Hannah: Denktagebuch, 1950–1973, Bd. 1, München/Zürich 2002

Arendt, Hannah: Über das Böse. Eine Vorlesung zu Fragen der Ethik. Aus dem Nachlass hg. von Jerome Kohn, übers. von Ursula Ludz, mit einem Nachwort von Franziska Augstein, München 2006

Augustinus: Bekenntnisse. Vollständige Ausgabe, eingel. und übertragen von Wilhelm Thimme, München 1982

Ayer, Alfred Jules: Language, Truth and Logic, London 1936, deutsch: Sprache, Wahrheit und Logik, übers. von Herbert Herring, Stuttgart 1981

Baecker, Dirk: Wozu Systeme?, Berlin 2002

Baruzzi, Arno: Philosophie der Lüge, Darmstadt 1996

Bayertz, Kurt: Warum überhaupt moralisch sein?, München 2004

Benedikt XVI.: Ansprache des Papstes während des Abschlussgottesdienstes auf dem Weltjugendtag am 21. August 2005 auf dem Marienfeld in Köln, http://www.phoenix.de/35367.htm#, Zugriff: 22. 08. 2005

Bentham, Jeremy: Eine Einführung in die Prinzipien der Moral und der Gesetzgebung, in: Otfried Höffe: (Hg.): Einführung in die utilitaristische Ethik, 3. Aufl., Tübingen/Basel 2003, S. 55–83

Bibel. Altes und Neues Testament. Einheitsübersetzung, Freiburg 1980

Bittner, Rüdiger und Cramer, Konrad (Hg.): Materialien zu Kants »Kritik der praktischen Vernunft«, Frankfurt/M. 1975

Bleisch, Barbara und Schaber, Peter: Einleitung, in: Bleisch, Barbara und Schaber, Peter (Hg.): Weltarmut und Ethik, Paderborn 2007, S. 9–36

Boshammer, Susanne: Schuldlos schuldig? Moralische Konflikte und ihre moralphilosophische Bewältigung, unveröffentlichtes Manuskript, Zürich 2008a

Boshammer, Susanne: Respekt vor Personen in der Forschung am Menschen, unveröffentlichtes Manuskript, Zürich 2008b

Burow, Inka: Patente auf Gene lassen Kosten explodieren. Blutkonserven könnten knapp werden, weil der Preis für den Test auf Viren um das 3000-fache gestiegen ist, in: Hannoversche Allgemeine Zeitung, Nr. 102, 03. 05. 2003, S. 16

Das Urteil von Nürnberg. Vollständiger Text, München 1946

Durkheim, Émile: De la division du travail social [1930], deutsch: Über die soziale Arbeitsteilung. Studie über die Organisation höherer Gesellschaften, mit einer Einleitung von Niklas Luhmann und einem Nachwort von Hans-Peter Müller und Michael Schmid, Frankfurt/M. 1988

Ernst, Gerhard: Die Objektivität der Moral, Paderborn 2008

Ethikrat, Nationaler: Selbstbestimmung und Fürsorge am Lebensende. Stellungnahme, Berlin 2006

Flasch, Kurt: Augustinus. Einführung in sein Denken, Stuttgart 1980

Foot, Philippa: Das Abtreibungsproblem und die Doktrin der Doppelwirkung, in: Leist, Anton (Hg.): Um Leben und Tod. Moralische Probleme bei Abtreibung, künstlicher Befruchtung, Euthanasie und Selbstmord, Frankfurt/M. 1990, S. 196–211

Frey, Jana: Prügelknabe, Bindlach 2006

Fuchs, Peter: Die »bösen« Anonyma – Zur sozialen Funktion des Terrors, in: Horster, Detlef (Hg.): Das Böse neu denken, Weilerswist 2006, S. 29–40

Garrard, Eve und McNaughton, David: Mapping Moral Motivation, in: Heeger, Robert F. und Musschenga, Albert W. (Hg.): Ethical Theory and Moral Practice. An International Forum, Vol. 1, No. 1/1998, Dordrecht/Boston/London 1998, S. 45–59

Gensicke, Thomas: Zeitgeist und Wertorientierung, in: Shell Deutschland Holding (Hg.), Jugend 2006. Eine pragmatische Generation unter Druck, Frankfurt/M. 2006, S. 169–202

Gerhardt, Volker: Recht und Herrschaft. Zur gesellschaftlichen Funktion des Rechts in der Philosophie Kants, in: Rechtstheorie, Nr. 1/1981, S. 53–94

Greshake, Gisbert: Pelagianismus, Semipelagianismus, in: Ritter, Joachim und Gründer, Karlfried (Hg.): Historisches Wörterbuch der Philosophie, Bd. 7, Basel 1989, Sp. 234–236

Habermas, Jürgen: Wahrheit und Rechtfertigung. Philosophische Aufsätze, Frankfurt/M. 1999

Habermas, Jürgen: Zeit der Übergänge. Kleine Politische Schriften IX, Frankfurt/M. 2001

Habermas, Jürgen: Werte und Normen. Ein Kommentar zu Hilary Putnams Kantischem Pragmatismus, in: Raters, Marie-Luise und Willaschek, Marcus (Hg.): Hilary Putnam und die Tradition des Pragmatismus, Frankfurt/M. 2002, S. 280–305

Hage, Rosine: Wahrnehmen und Wissen. Die Rolle der Natur im Denken von Thomas Reid, Laatzen 2007

Halbig, Christoph: Praktische Gründe und die Realität der Moral, Frankfurt/M. 2007

Hare, Richard Mervyn: Moral Thinking: Its Levels, Method and Point, Oxford 1981, deutsch: Moralisches Denken. Seine Ebenen, seine Methode, sein Witz, übers. von Christoph Fehige und Georg Meggle, Frankfurt/M. 1992

Hartmann, Nicolai: Ethik, 4., unveränd. Aufl., Berlin 1962

Heyd, David: Art. Supererogation, in: The Internet Encyclopedia of Philosophy, Stanford, http://plato.stanford.edu/entries/supererogation, Zugriff: 18.11.2007

Himmler, Heinrich: Posener Rede vom 04.10.1943 (Volltext), http://www.nationalsozialismus.de/dokumente/textdokumente/heinrich-himmler-posener-rede-vom-04101943-volltext, Zugriff: 08.12.2006

Hobbes, Thomas: Leviathan, übers. und hg. von J. P. Mayer, mit einem Nachwort von Malte Diesselhorst, Stuttgart 1974

Höffe, Otfried: Der Standpunkt der Moral: Utilitarismus oder Universalisierbarkeit, Deutsches Institut für Fernstudien an der Universität Tübingen (Hg.): Funkkolleg Praktische Philosophie / Ethik, Studienbegleitbrief Nr. 7, Weinheim/Basel 1981, S. 39–59

Höffe, Otfried: Einleitung, in: ders. (Hg.): Einführung in die utilitaristische Ethik, 3. Aufl., Tübingen/Basel 2003, S. 7–51

Hoerster, Norbert: Einführung, in: Birnbacher, Dieter und Hoerster, Norbert (Hg.): Texte zur Ethik, München 1976, S. 7–23

Horster, Detlef: Was soll ich tun? Moral im 21. Jahrhundert, Leipzig 2004

Horster, Detlef: Sozialphilosophie, Leipzig 2005

Horster, Detlef: Jürgen Habermas und der Papst. Glauben und Vernunft, Gerechtigkeit und Nächstenliebe im säkularen Staat, Bielefeld 2006

Hoyningen-Huene, Paul: Wissenschaft – theoretische und ethische Aspekte, unveröffentlichter Vortrag am 16.10.2007 im Leibniz-Haus Hannover

Hume, David: Ein Traktat über die menschliche Natur, Bd. 2, Hamburg 1906, übers., mit Anmerkungen und Register versehen von Theodor Lipps, mit neuer Einführung und Bibliografie hg. von Reinhard Brandt, Hamburg 1978

Hutcheson, Francis: Illustrations on the Moral Sense (1728), deutsch: Erläuterungen zum moralischen Sinn, übers. und hg. von Joachim Buhl, Stuttgart 1984

Hutcheson, Francis: An Inquiry into the original of our ideas of beauty and virtue (1725), deutsch: Eine Untersuchung über den Ursprung unserer Ideen von Schönheit und Tugend. Über moralisch Gutes und Schlechtes, übers. und mit einer Einleitung hg. von Wolfgang Leidhold, Hamburg 1986

Jäger, Jill: Mit dem Barsch kam das Elend, in: Die Erde hat Fieber, Beilage in: Bild der Wissenschaft, 43. Jg., Nr. 12/2007, S. 8–10

Joas, Hans: Die Entstehung der Werte, Frankfurt/M. 1997

Joas, Hans: Werte versus Normen. Das Problem der moralischen Objektivität bei Putnam, Habermas und den klassischen Pragmatisten, in: Raters, Marie-Luise und Willaschek, Marcus (Hg.): Hilary Putnam und die Tradition des Pragmatismus, Frankfurt/M. 2002, S. 263–279

Jonas, Hans: Augustin und das paulinische Freiheitsproblem: Eine philosophische Studie zum pelagianischen Streit, mit einer Einleitung von James M. Robinson, 2., neu bearb. und erw. Aufl., Göttingen 1965

Kant, Immanuel: Es wird die Paginierung nach der ersten oder zweiten Auflage der kantischen Werke angegeben, die in der Regel in allen Ausgaben wiedergegeben wird. Für die Werke werden die üblichen Abkürzungen gewählt, also zum Beispiel »KpV« für »Kritik der praktischen Vernunft«. Es wird nach der Weischedel-Ausgabe (Kant, Immanuel: Werke in zwölf Bänden, hg. von Wilhelm Weischedel, Frankfurt/M. 1968) zitiert, weil die Schriften von Kant darin in neuerer Rechtschreibung wiedergegeben sind.

Kant, Immanuel: Eine Vorlesung Kants über Ethik, im Auftrag der Kantgesellschaft hg. von Paul Menzer, Berlin 1924

Kaulbach, Friedrich: Immanuel Kant, Berlin 1969

Kersting, Wolfgang: Zur Logik des kontraktualistischen Arguments, in: Gerhardt, Volker (Hg.): Der Begriff der Politik. Bedingungen und Gründe politischen Handelns, Stuttgart 1990, S. 216–237

Kluge, Alexander: Ich bin ein Homo compensator. Gespräch mit Andrea Köhler, in: Neue Zürcher Zeitung, Nr. 248, 25./26. 10. 2003, S. 65

Kontrollratsgesetz Nr. 10 vom 20. 10. 1945, http://www.verfassungen.de/de/de45-49/kr-gesetz10.htm, Zugriff: 12. 11. 06

Kreide, Regina: Weltarmut und die Verpflichtungen kollektiver Akteure, in: Bleisch, Barbara und Schaber, Peter (Hg.): Weltarmut und Ethik, Paderborn 2007, S. 267–295

Kutschera, Franz von: Moralischer Realismus, in: Logos. Zeitschrift für systematische Philosophie, 1. Jg. (1994), S. 241–258

Kutschera, Franz von: Grundlagen der Ethik, 2., völlig neu bearb. Aufl., Berlin / New York 1999

Locke, John: Über den menschlichen Verstand, Bd. 1, Berlin 1968

Luhmann, Niklas: Soziale Systeme. Grundriß einer allgemeinen Theorie, Frankfurt/M. 1984

Luhmann, Niklas: Die Politik der Gesellschaft, hg. von André Kieserling, Frankfurt/M. 2000

Luhmann, Niklas: Das Erziehungssystem der Gesellschaft, hg. von Dieter Lenzen, Frankfurt/M. 2002

Luhmann, Niklas: Die Moral der Gesellschaft, hg. von Detlef Horster, Frankfurt/M. 2008

McNaughton, David: Moral Vision. An Introduction to Ethics, 10. Aufl., Cambridge/Mass. 2001, deutsch: Moralisches Sehen. Eine Einführung in die Ethik, übers. von Lars Schewe, Frankfurt/M. u. a. 2003

Merten, Roland: Haben Kinder und Jugendliche keine Werte mehr? Zur moralischen Sozialisation, in: Neue Sammlung, 34. Jg. (1994), S. 233-246

Michalski, Krzysztof: Gott zu lieben – Johannes Paul II. (1920-2005), in: Transit Nr. 29 (Sommer 2005), S. 5-13

Mieth, Corinna: Projekt: Positive Pflichten, unveröffentlichtes Diskussionspapier, Hannover 2007

Mill, John Stuart: Utilitarismus, zit. nach: Otfried Höffe (Hg.): Einführung in die utilitaristische Ethik, 3. Aufl., Tübingen/Basel 2003, S. 84-97

Miller, David: Wer ist für globale Armut verantwortlich?, in: Bleisch, Barbara und Schaber, Peter (Hg.): Weltarmut und Ethik, Paderborn 2007, S. 153-170

Moore, George Edward: Principia Ethica, erw. Ausgabe, übers. und hg. von Burghard Wisser, Übersetzung des Anhangs von Martin Sandhop, Stuttgart 1996

Neiman, Susan: Das Böse denken. Eine andere Geschichte der Philosophie, Frankfurt/M. 2004

Nida-Rümelin, Julian: Persönliche Schuld und politischer Wahn, in: Horster, Detlef (Hg.): Das Böse neu denken, Weilerswist 2006, S. 55-66

Patzig, Günther: Moralische Motivation, in: Patzig, Günther u. a., Die Rationalität der Moral, Bamberg 1996, 39-55

Pauer-Studer, Herlinde: Einführung in die Ethik, Wien 2003

Pauer-Studer, Herlinde: Kommentar, in: Hume, David: Über Moral, Frankfurt/M. 2007, S. 213-341

Pogge, Thomas: Anerkannt und doch verletzt durch internationales Recht: Die Menschenrechte der Armen, in: Bleisch, Barbara und Schaber, Peter (Hg.): Weltarmut und Ethik, Paderborn 2007, S. 95-138. Zitiert als: Pogge 2007a

Pogge, Thomas: Weltarmut als Problem globaler Gerechtigkeit. Interview mit René Gabriëls und Regina Kreide, in: Deutsche Zeitschrift für Philosophie, 55. Jg. (Nr. 6/2007), S. 967-979. Zitiert als: Pogge 2007b

Putnam, Hilary: Vernunft, Wahrheit und Geschichte, Frankfurt/M. 1982

Putnam, Hilary: Antwort auf Jürgen Habermas, in: Raters, Marie-Luise und Willaschek, Marcus (Hg.): Hilary Putnam und die Tradition des Pragmatismus, Frankfurt/M. 2002, S. 306-321

Raphael, David D.: Adam Smith, übers. von Udo Rennert, Frankfurt/M. 1991

Ratzinger, Joseph Kardinal: Werte in Zeiten des Umbruchs. Die Herausforderungen der Zukunft, Freiburg 2005

Ratzinger, Joseph und Flores d' Arcais, Paolo: Gibt es Gott?, Berlin 2006

Rawls, John: A Theory of Justice, Cambridge/Mass. 1971, deutsch: Eine Theorie der Gerechtigkeit, Frankfurt/M. 1975

Rippe, Klaus Peter und Schaber, Peter (Hg.): Tugendethik, Stuttgart 1998

Roser, Thomas: Zur Geburt um jeden Preis gezwungen. Abtreibung ist in Polen sogar bei Vergewaltigung und Gesundheitsrisiken verboten – dagegen klagt jetzt eine Frau vorm Menschenrechtsgerichtshof, in: Hannoversche Allgemeine Zeitung, Nr. 148, 28. 06. 2005, S. 3

Ross, William David: Foundations of Ethics. The Gifford Lectures 1935–36, New York 2000

Ross, William David: The Right and the Good [1930], hg. von Philip Stratton-Lake, New York 2002

Schaber, Peter: Universale und objektive Werte, in: Endreß, Martin und Roughley, Neil (Hg.), Anthropologie und Moral. Philosophische und soziologische Perspektiven, Würzburg 2000, S. 341–357

Schaber, Peter: Ethischer Pluralismus. Zur Moralphilosophie von William D. Ross, in: Handlung – Interpretation – Kultur. Zeitschrift für Sozial- und Kulturwissenschaften, 10. Jg. (Heft 2 / Dez. 2001), S. 228–245

Schaber, Peter: Die andere Moral der ethischen Subjektivisten, in: Schaber, Peter und Hüntelmann, Rafael (Hg.): Grundlagen der Ethik. Normativität und Objektivität, Frankfurt/M. u. a. 2003, S. 9–24

Scheler, Max: Der Formalismus in der Ethik und die materiale Wertethik. Neuer Versuch der Grundlegung eines ethischen Personalismus, 5. durchges. Aufl., Bern/München 1966

Schiefenhövel, Wulf: Geburten bei den Eipo, in: Schiefenhövel, Wulf und Sich, Dorothea (Hg.): Die Geburt aus ethnomedizinischer Sicht. Beiträge und Nachträge zur IV. Internationalen Fachkonferenz der Arbeitsgemeinschaft Ethnomedizin über traditionelle Geburtshilfe und Gynäkologie in Göttingen 8.–10. 12. 1978, 2. Aufl., Braunschweig/Wiesbaden 1986, S. 41–56

Schmid Noerr, Gunzelin: Geschichte der Ethik, Leipzig 2006

Schnädelbach, Herbert: Kant, Leipzig 2005

Schröder, Wilfried: Moralischer Nihilismus. Radikale Moralkritik von den Sophisten bis Nietzsche, Stuttgart 2005

Semprún, Jorge: Was für ein schöner Sonntag!, übers. von Johannes Piron, Frankfurt/M. 1981

Shaftesbury, Anthony Ashley-Cooper, Third Earl of Shaftesbury: A Letter concerning Enthusiasm – The Moralists, deutsch: Ein Brief über den Enthusiasmus – Die Moralisten, übers. von Max Frischeisen-Köhler, mit einer Einleitung hg. von Wolfgang H. Schrader, Hamburg 1980

Sidgwick, Henry: Die Methoden der Ethik, in: Höffe, Otfried (Hg.): Einführung in die utilitaristische Ethik, 3. Aufl., Tübingen/Basel 2003, S. 98–119

Silkenbeumer, Mirja: Biographische Selbstentwürfe und Weiblichkeitskonzepte aggressiver Mädchen und junger Frauen, Berlin 2007

Singer, Peter: Praktische Ethik, Stuttgart 1984

Singer, Peter: Spiegel-Gespräch »Nicht alles Leben ist heilig«, in: Der Spiegel, Nr. 48, 2001, S. 236–242

Singer, Peter: Hunger, Wohlstand und Moral, in: Bleisch, Barbara und Schaber, Peter (Hg.): Weltarmut und Ethik, Paderborn 2007, S. 37–51

Smith, Adam: Theorie der ethischen Gefühle, nach der Aufl. letzter Hand übers. und mit Einleitung, Anmerkungen und Registern hg. von Walther Eckstein, mit einer Bibliografie von Günter Gawlick, Hamburg 1977

Sommer, Andreas Urs: Das Ende der antiken Anthropologie als Bewährungsfall kontextualistischer Philosophiegeschichtsschreibung: Julian von Eclanum und Augustin von Hippo, in: Zeitschrift für Religions- und Geistesgeschichte, Bd. 57 (2005), Heft 1, S. 1–28

Spaemann, Robert: Moralische Grundbegriffe, 7. Aufl., München 2004

Stemmer, Peter: Handeln zugunsten anderer. Eine moralphilosophische Untersuchung, Berlin 2000

Stevenson, Charles Leslie: The Emotive Meaning of Ethical Terms, in: Mind, 46. Jg. (1937), S. 14–31, deutsch: Die emotive Bedeutung ethischer Ausdrücke, in: Grewendorf, Günter und Meggle, Georg

(Hg.): Seminar: Sprache und Ethik: Zur Entwicklung der Metaethik, Frankfurt/M. 1974, S. 116–139

Stichweh, Rudolf: Niklas Luhmann, in: Dirk Kaessler (Hg.): Klassiker der Soziologie, Bd. 2, München 1999, S. 206–229

Tugendhat, Ernst: Vorlesungen über Ethik, Frankfurt/M. 1993

Urmson, James O.: Zur Interpretation der Moralphilosophie John Stuart Mills, in: Höffe, Otfried (Hg.): Einführung in die utilitaristische Ethik, 3. Aufl., Tübingen/Basel 2003, S. 123–134

Urmson, James O.: Saints and Heroes, in: Melden, Abraham Irving (Hg.): Essays in Moral Philosophy, Seattle 1958, S. 198–216

Voigt, Rüdiger: Den Staat denken. Der Leviathan im Zeichen der Krise, Baden-Baden 2007

Volkmann-Schluck, Karl-Heinz: Politische Philosophie, Frankfurt/M. 1974

Volkmann-Schluck, Karl-Heinz: Freiheit, Menschenwürde, Menschenrecht. Zum Ethos der modernen Demokratie in der Sicht Kants, in: Schwardtländer, Johannes (Hg.): Menschenrechte und Demokratie, Tübinger Universitätsschriften – Forschungsprojekt Menschenrechte, Bd. 2, Kehl/Straßburg 1981, S. 177–187

Wieland, Josef: Unternehmen als politische Akteure im öffentlichen Raum, in: Horster, Detlef (Hg.): Die Krise der politischen Repräsentation, Weilerswist 2008, S. 95–107

Williams, Bernard: Der Begriff der Moral. Eine Einführung in die Ethik, übers. von Eberhard Bubser, Stuttgart 1978

Williams, Bernard: Kritik des Utilitarismus, hg. und übers. von Wolfgang R. Köhler, Frankfurt/M. 1979

Wingert, Lutz: Gemeinsinn und Moral. Grundzüge einer intersubjektivistischen Moralkonzeption, Frankfurt/M. 1993

Zimmermann, Rolf: Philosophie nach Auschwitz. Eine Neubestimmung von Moral in Politik und Gesellschaft, Reinbek 2005

Kommentierte Bibliografie

a) Gesamtdarstellungen

Birnbacher, Dieter und Hoerster, Norbert (Hg.): *Texte zur Ethik*, München 1976
Systematische Anordnung von Texten mit guten Einführungen zu den zehn Kapiteln mit Überschriften wie Utilitarismus, Deontologie, Moral und Religion, Das gute Leben, Willensfreiheit und Verantwortlichkeit.

Horster, Detlef: *Was soll ich tun? Moral im 21. Jahrhundert*, Leipzig 2004
Hier werden metaethische Themen, wie Internalismus und Externalismus, ausführlicher dargestellt, die im vorliegenden Band nur am Rande zur Sprache kamen, ebenso die Unterscheidung von Recht und Moral sowie die Moralentwicklung bei Kindern.

Pauer-Studer, Herlinde: *Einführung in die Ethik*, Wien 2003
Von Pauer-Studer werden Tugendethik, feministische Ethik und der Immoralismus Friedrich Nietzsches behandelt. Dieser Band eignet sich sehr gut als Ergänzung zum vorliegenden.

Singer, Peter: *A Companion to Ethics*, Oxford 1991
Sieben Teile: The Roots, The great Ethical Traditions, Western Philosophical Ethics: A short History, How ought I to Live?, Applications, The Nature of Ethics, Challenge and Critique. Namhafte Autoren wie J. B. Schneewind, Onora O'Neill, Will Kymlicka, Jonathan Dancy, Helga Kuhse, Richard Mervyn Hare. Außerordentlich informativ.

Wolf, Jean-Claude und Schaber, Peter: *Analytische Moralphilosophie*, Freiburg/München 1998
Schwerpunktmäßig werden Themen aus der analytischen Moralphilosophie behandelt. Vor allem ist auf das Kapitel hinzuweisen, in dem Theorien des guten Lebens behandelt werden. Ebenfalls eine Ergänzung.

b) Metaethik

Ayer, Alfred J.: *Language, Truth and Logic*, London 1936, deutsch: *Sprache, Wahrheit und Logik*, übers. von Herbert Herring, Stuttgart 1981
Klassiker des Nonrealismus oder Nonkognitivismus. Ayer machte in den Dreißigerjahren zusammen mit Stevenson den Nonkognitivismus stark.Verwiesen sei insbesondere auf Kapitel 6: Critique of Ethics and Theology, deutsch: Kritik der Ethik und Theologie.

Frankena, William K.: *Ethics* (1963), deutsch: *Analytische Ethik*, übers. von Norbert Hoerster, 4. Aufl., München 1986
Nach wie vor grundlegend.

Halbig, Christoph und Suhm, Christian (Hg.): *Was ist wirklich? Neue Beiträge zu Realismusdebatten in der Philosophie*, Frankfurt/M. 2004
Metaethische Erörterungen aus Sicht des moralischen Realismus.

Kutschera, Franz von: *Grundlagen der Ethik*, 2., völlig neu bearb. Aufl., Berlin / New York 1999
Metaethik aus Sicht der analytischen Philosophie.

Mackie, John Leslie: *Ethics. Inventing Right and Wrong*, Harmondsworth 1977, deutsch: *Ethik. Die Erfindung des moralisch Richtigen und Falschen*, übers. von Rudolf Ginters, Stuttgart 1981
Nach Ayer und Stevenson ein weiterer Klassiker des Nonrealismus oder Nonkognitivismus.

Schaber, Peter und Hüntelmann, Rafael (Hg.): *Grundlagen der Ethik. Normativität und Objektivität*, Frankfurt/M. 2003
Namhafte Autorinnen und Autoren zu wichtigen Problemen der Metaethik. Lesenswert ist besonders die differenzierte Bilanz von Tatjana Tarkian.

Schaber, Peter (Hg.): *Normativity and Naturalismus*, Frankfurt/M. 2004
Namhafte Autorinnen und Autoren zu wichtigen Problemen der Metaethik. Besonders zur Lektüre zu empfehlen ist Thomas Schmidts Auseinandersetzung mit Mackie.

Stevenson, Charles Leslie: *The Emotive Meaning of Ethical Terms*, in: *Mind*, 46. Jg. (1937), S. 14–31, deutsch: *Die emotive Bedeutung ethischer Ausdrücke*, in: Grewendorf, Günter und Meggle, Georg (Hg.): *Seminar: Sprache und Ethik: Zur Entwicklung der Metaethik*, Frankfurt/M. 1974, S. 116–139
Klassiker des Nonrealismus oder Nonkognitivismus. Stevenson machte in den Dreißigerjahren zusammen mit Ayer den Nonkognitivismus stark.

c) Deontologie

Horn, Christoph u. a.: *Kommentar zu Immanuel Kants »Grundlegung zur Metaphysik der Sitten«*, Frankfurt/M. 2007
Umfassende historische und systematische Würdigung sowie Darstellung der Rezeptionsgeschichte.

Irrlitz, Gerd: *Kant-Handbuch. Leben und Werk*, Stuttgart 2002
Ein gewaltiges Werk – kaum zu glauben, dass ein Autor das allein geschultert hat. Die Artikel sind von unterschiedlicher Qualität. Durch Indices sehr leserfreundlich. Man wird bei der Arbeit an der kantischen Philosophie nicht an dem Buch vorbeikommen.

Schaber, Peter: *Ethischer Pluralismus. Zur Moralphilosophie von William D. Ross*, in: *Handlung – Interpretation – Kultur. Zeitschrift für Sozial- und Kulturwissenschaften*, 10. Jg. (Heft 2 / Dez. 2001), S. 228–245
Eine treffende Darstellung und Interpretation der Philosophie von William D. Ross. Wahrscheinlich die einzige deutschsprachige.

d) Utilitarismus

Gesang, Bernward: *Eine Verteidigung des Utilitarismus*, Stuttgart 2003
Der Verfasser versucht, den Utilitarismus zu rehabilitieren. Leider bezieht er die Kritik von Bernard Williams nicht mit in seine Überlegungen ein.

Höffe, Otfried (Hg.): *Einführung in die utilitaristische Ethik*, 3. Aufl., Tübingen/Basel 2003
Eine Textsammlung, die die Schriften aller wichtigen Vertreter umfasst.

Nida-Rümelin, Julian: *Kritik des Konsequentialismus*, München 1995
Eine gründliche und überzeugende Auseinandersetzung mit konsequentialistischen Theorien.

Williams, Bernard: *Kritik des Utilitarismus*, hg. und übers. von Wolfgang R. Köhler, Frankfurt/M. 1979
Gründliche Auseinandersetzung mit dem Utilitarismus. Bernard Williams ist der wohl prominenteste Utilitarismuskritiker.

e) Kontraktualismus

Kersting, Wolfgang: *Zur Logik des kontraktualistischen Arguments*, in: Gerhardt, Volker: *Der Begriff der Politik. Bedingungen und Gründe politischen Handelns*, Stuttgart 1990, S. 216–237
Geschichte und Kritik des philosophischen Kontraktualismus.

Kersting, Wolfgang: *Die politische Philosophie des Gesellschaftsvertrags*, Darmstadt 1994
Geschichte und Kritik des philosophischen Kontraktualismus. Enthält ausführliche Darstellungen der kontraktualistischen Theorien von Hobbes, Locke, Rousseau, Kant, Rawls, Nozick und Buchanan.

Leist, Anton (Hg.): *Moral als Vertrag? Beiträge zum moralischen Kontraktualismus*, Berlin / New York 2003
Aufsatzsammlung zur Auseinandersetzung mit dem Kontraktualismus Peter Stemmers.

Pauer-Studer, Herlinde (Hg.): *Konstruktionen praktischer Vernunft. Philosophie im Gespräch*, Frankfurt/M. 2000
Besonders erhellend für moderne Formen des Kontraktualismus sind die Gespräche mit Scanlon und Gauthier.

f) Funktionalismus

Horster, Detlef: *Nachwort*, in: Niklas Luhmann: *Die Moral der Gesellschaft*, hg. von Detlef Horster, Frankfurt/M. 2008, S. 375–392
Die einzige Darstellung, in der der moralische Funktionalismus im Rahmen der Systemtheorie dargestellt und gezeigt wird, wie und welche funktionalen Äquivalente zur Moral in den Systemen selbst am Werk sind.

g) Sensualismus und schottische Moralphilosophie

Hage, Rosine: *Wahrnehmen und Wissen. Die Rolle der Natur im Denken von Thomas Reid*, Laatzen 2007
Differenzierte Darstellung der Entwicklung und Bedeutung des Common beziehungsweise Moral Sense.

Pauer-Studer, Herlinde: *Kommentar zu David Hume: Über die Moral*, Frankfurt/M. 2007
Eine ausgezeichnete, umfassende und gut lesbare Interpretation des humeschen Sensualismus, wobei auch die anderen hier dargestellten sensualistischen Theorien berücksichtigt werden.

Raphael, David D.: *Adam Smith*, übers. von Udo Rennert, Frankfurt/M. 1991
Enthält eine gute Darstellung der Moralphilosophie von Adam Smith.

h) Gut und Böse

Arendt, Hannah: *Über das Böse. Eine Vorlesung zu Fragen der Ethik*, hg. von Jerome Kohn, übers. von Ursula Ludz, München 2006
Hannah Arendts Auseinandersetzung mit dem radikal Bösen. Mit einem instruktiven Nachwort von Franziska Augstein.

Jonas, Hans: *Augustin und das paulinische Freiheitsproblem: Eine philosophische Studie zum pelagianischen Streit*, mit einer Einleitung von James M. Robinson, 2., neu bearb. und erw. Aufl., Göttingen 1965

Das ist die wohl einzige Studie, die sich mit Akribie der Auseinandersetzung zwischen Augustinus und Pelagius widmet. Sehr zu empfehlen.

Pieper, Annemarie: *Gut und Böse,* München 1997
Eine kleine Schrift, die einen ersten Zugang zu der Thematik gewährt.

i) Angewandte Ethik

Leist, Anton (Hg.): *Um Leben und Tod. Moralische Probleme bei Abtreibung, künstlicher Befruchtung, Euthanasie und Selbstmord,* Frankfurt/M. 1990
Eine zwar ältere Studie, die aber nicht an Aktualität eingebüßt hat; mit national und international renommierten Autorinnen und Autoren: u.a. Helga Kuhse, Richard M. Hare, Philippa Foot, Mary Warnock, Dieter Birnbacher, Derek Parfit und anderen.

Nida-Rümelin, Julian (Hg.): *Angewandte Ethik. Die Bereichsethiken und ihre theoretische Fundierung. Ein Handbuch,* Stuttgart 1996
Das wohl beste Handbuch auf diesem Gebiet, mit namhaften Autorinnen und Autoren, u.a. Julian Nida-Rümelin (politische Ethik und Tierethik), Herlinde Pauer-Studer (Ethik und Geschlechterdifferenz), Angelika Krebs und Anton Leist (ökologische Ethik), Bernhard Irrgang (Genethik), Bettina Schöne-Seifert (Medizinethik), Konrad Ott (Technik und Ethik).

j) Die Objektivität von Werten und Normen: Moralischer Realismus

Ernst, Gerhard: *Die Objektivität der Moral,* Paderborn 2008

Halbig, Christoph: *Praktische Gründe und die Realität der Moral,* Frankfurt/M. 2007

Schaber, Peter: *Moralischer Realismus,* Freiburg/München 1997
Diese drei Bücher sind wohl die einzigen umfassenden neueren Darstellungen des moralischen Realismus beziehungsweise Objektivismus im deutschen Sprachraum.

Schlüsselbegriffe

Böse Das radikal Böse ist nach Kant und Arendt die Schaffung einer radikal anderen Welt- und Moralordnung mit Umkehrung der Werte.

Common Sense Siehe Moral Sense.

Deontologie »deon« (gr.) = Pflicht. Ein an Pflichten orientiertes moralisches Handeln. In der monistischen Deontologie wird die Pflicht aus einem einzigen zugrunde liegenden Prinzip abgeleitet. Vertreter der pluralistischen Deontologie gehen davon aus, dass die Pflichten nicht auf ein einziges Prinzip rückführbar sind, sondern auf verschiedene, bei William D. Ross auf die Prima-facie-Pflichten.

Doppelte Kontingenz Ein Begriff im Kontext der funktionalistischen Moraltheorie. Jeder Mensch hat unendlich viele Möglichkeiten des Handelns, die nicht zwingend sind. Treten sich zwei Menschen gegenüber, verdoppelt sich die Kontingenz und die Koordination der Interaktion wird höchst unwahrscheinlich.

Empörung Siehe Schuld.

Ethik Der Begriff wird in dreierlei Hinsicht verwendet. 1. Synonymität von Ethik und Moral: »ethos« (gr.) bedeutet Brauch, Sitte; ebenso »mos, moris« (lat.), woher der Begriff »Moral« stammt. 2. Der Begriff »Ethik« richtet sich auf die Suche nach dem geglückten und gelungenen Leben, während »Moral« die Regeln für die Interaktion umfasst. 3. Ethik ist die Wissenschaft von der Moral, also die Moralphilosophie.

Freiheit (im Verhältnis zum kategorischen Imperativ) Der Mensch ist qua seiner Vernunft frei von Naturgesetzen und kann so den kategorischen Imperativ allererst denken. Der kategorische Imperativ garantiert und stabilisiert die menschliche Freiheit.

Funktionalitätstheorie Die Moral hat die Funktion, die gelingende Interaktion in der Gesellschaft zu garantieren.

Gewissen Die innere Instanz, die jemandem Auskunft über sein richtiges oder falsches moralisches Verhalten gibt. Beim Verstoß gegen rechtliche Normen hingegen gibt es eine äußere Instanz, den Staat mit seiner Sanktionsgewalt.

Gut Lässt sich nach Moore nicht definieren, wohl aber das Gute. Wir können das Gute als das »zum Wohl der Menschen Beitragende« definieren.

Hedonismus Eine normative Ethik, die eine Handlung dann als gut und richtig bewertet, wenn dadurch Lust und Genuss vermehrt werden.

Ideologie Tritt in totalitären Regimes, wie dem Nationalsozialismus oder Stalinismus, an die Stelle der Moral.

Kategorischer Imperativ In der Formulierung, wie sie in Kants *Kritik der praktischen Vernunft* vorliegt: »Handle so, daß die Maxime deines Willens jederzeit zugleich als Prinzip einer allgemeinen Gesetzgebung gelten könne.« »Kategorisch« heißt unbedingt gebietend, im Gegensatz zu hypothetisch. Ein hypothetischer Imperativ ist an eine Folge geknüpft. Die Goldene Regel ist ein hypothetischer Imperativ: »Was ihr von anderen erwartet, das tut ebenso auch ihnen.« (Lukas 6, 31) Man handelt moralisch, damit andere auch moralisch handeln.

Konsilium In einer moralischen Entscheidungssituation gibt es oft mehrere Entscheidungsträger. Das können bei einem selbst nicht entscheidungs- und handlungsfähigen komatösen Patienten die Angehörigen, Pfleger, Ärzte sein. Da sie alle eine Entscheidung zu treffen haben, mit der sie leben müssen, bilden sie ein Konsilium, einen Rat.

Konvention Siehe Tradition.

Materiale Wertethik Vertreten durch Max Scheler und Nicolai Hartmann. Sie sind der Auffassung, dass Werte materiale Qualitäten sind, die unabhängig davon sind, ob jemand sie als wertvoll erachtet oder nicht. Sie sind objektiv.

Metaethik Wird im Gegensatz zur normativen Ethik gesehen. Die Metaethik hat die Aufgabe, die normativen Ethiken zu klassifizieren. Weiter fragt man auf diesem Gebiet, was Moral eigentlich ist, ob moralische Regeln universell oder kulturabhängig sind, ob sie objektiv oder intersubjektiv sind. Die Klärung des Verhältnisses von Werten und Normen ist ebenso Thema der Metaethik wie die Klärung des Verhältnisses von Traditionen, Moral und Recht.

Moral Die Gesamtheit der Regeln, die zur Realisierung der Werte oder zum Wohl der Menschen beitragen. Die moralischen Regeln sollen die Menschen, die vom Handeln anderer betroffen sind, schützen.

Moralische Dilemmata Man kann einer moralischen Pflicht nur nachkommen, indem man eine andere verletzt oder nicht erfüllt.

Moralische Gemeinschaft Angehörige der moralischen Gemeinschaft haben symmetrisch verteilte moralische Rechte und Pflichten. Den Pflichten, die man gegenüber anderen hat, entsprechen die moralischen Rechte. Sie sind nur jeweils eine Seite derselben Medaille. Hat man die Pflicht, jemandem, der in Not geraten ist, zu helfen, hat man das moralische Recht, Hilfe zu fordern, wenn man selbst in Not geraten ist. Schwierig zu bestimmen ist die Reichweite der moralischen Gemeinschaft. Beziehen sich die reziproken Pflichten auf den Familien- und Freundeskreis, auf unsere Kommune oder Region, auf unsere Nation, auf Europa oder die Welt?

Moralische Pflichten Man unterscheidet gemeinhin zwischen positiven und negativen Pflichten. Eine positive Pflicht verpflichtet zum Handeln, beispielsweise dazu, jemandem in Not zu helfen. Eine negative ist eine Unterlassungspflicht, beispielsweise jemanden nicht zu schädigen.

Moralischer Kontraktualismus Dieser Theorie zufolge kommen moralische Regeln durch einen virtuellen Vertrag zustande, den die Mitglieder der moralischen Gemeinschaft miteinander schließen.

Moralischer Realismus Eine metaethische Theorie, deren Vertreter davon ausgehen, dass Werte objektiv sind, unabhängig davon, ob sie von Menschen als wertvoll angesehen werden oder nicht. Die

Wertschätzung bezieht sich dabei nicht auf eine Tätigkeit wie Bergsteigen oder das Genießen guter Weine, sondern auf die damit verbundene Werteigenschaft, das Zum-Wohl-Beitragen. Das ist die Werteigenschaft von etwas, was Menschen schätzen und für wertvoll oder wichtig erachten. Da eine enge Verbindung zwischen Werten und moralischen Regeln besteht, sind moralische Pflichten ebenfalls objektiv. Moralische Pflichten realisieren oder schützen die Werte.

Moral Sense Auch Common Sense genannt. Bezeichnet die Fähigkeit, die moralischen Gefühle, die man hat, in Harmonie zu bringen. Moralische Gefühle in Harmonie bringen zu können, ist eine Tugend.

Motivation (um moralisch zu handeln) Kant unterscheidet das »principium executionis« (Prinzip der Ausführung) vom »principium diiudicationis« (Prinzip der Beurteilung). Die Einsicht in etwas moralisch Richtiges motiviert noch nicht dazu, es tatsächlich zu tun. Ist jemand motiviert, moralisch zu handeln, spricht man von einem tugendhaften Menschen.

Normen Handlungsanweisungen, Handlungsregeln als Gebote oder Verbote.

Normative Ethiken Dazu gehören u. a. Deontologie, Utilitarismus, Kontraktualismus, Funktionalismus und Sensualismus. Die normativen Ethiken enthalten Begründungen für moralisch richtiges Entscheiden und Handeln.

Objektivität (von Werten und Normen) Die Werte und Normen sind unabhängig davon, ob sie von einzelnen Menschen als wertvoll angesehen werden, denn sie sind wertvoll.

Pareto-Optimum Ein Gleichgewichtszustand, bei dem kein Subjekt bessergestellt werden kann, ohne gleichzeitig ein anderes schlechterzustellen. Die Formel entwickelte der Nationalökonom Wilfredo Pareto im Anschluss an die utilitaristische Moralphilosophie. Pareto-Superiorität bedeutet, dass man ein Subjekt besserstellen kann, ohne dabei andere schlechterstellen zu müssen.

Pflichten gegen sich selbst Man hat die Pflicht, seine eigene Würde zu wahren. Tut man das nicht, verletzt man als Teil der gesamten Menschheit auch deren Würde.

Recht Kant unterscheidet in der *Metaphysik der Sitten* Recht und Moral in der Weise, dass die Befolgung moralischer Regeln auf einem inneren Zwang beruht, das Recht hingegen äußerlich zwingt. Es kann staatlicherseits durchgesetzt werden.

Sachinformationen Sind Bestandteil des moralischen Wissens.

Sanktionen In der kontraktualistischen Theorie von Hobbes und Stemmer das Merkmal einer staatlichen beziehungsweise moralischen Gemeinschaft. Hält sich jemand nicht an die Regeln, folgt eine Sanktion. Das ist im moralischen Raum die soziale Ausgrenzung.

Scham/Schuld Empfindet man, wenn man selbst gegen moralische Normen verstößt. Empören wird man sich, wenn andere gegen moralische Normen verstoßen.

Sensualismus Geht davon aus, dass man vor der intellektuellen eine affektive Erkenntnis darüber hat, was moralisch richtig und was falsch ist.

Struktur Bezeichnung für die Regeln der Interaktion, auf deren Einhaltung sich die an der Interaktion Beteiligten verlassen und verlassen können müssen, damit die Interaktion gelingt. Mit »Struktur« sind die Erwartungen und Erwartungserwartungen der Interaktion bezeichnet.

Supererogation Der Begriff stammt aus der Vulgataübersetzung des Gleichnisses vom barmherzigen Samariter, wo es heißt: »Curam illius habe, et quodcumque supererogaveris ego cum rediero reddam tibi.« »Sorge für ihn, und wenn du deine Pflicht in einem Übermaß erfüllen wirst, werde ich es dir bezahlen, wenn ich zurückkomme.« »Supererogation« bedeutet Pflichterfüllung im Übermaß.

Supervenienztheorie Der Begriff »Supervenienz« wird verwendet, um Verhältnisse zwischen Entitäten zu beschreiben. Wenn eine Eigenschaft A supervenient ist, bedeutet das, dass es andere Eigenschaften gibt, die bewirken, dass etwas A ist. Der Supervenienztheorie zufolge handelt es sich bei moralischen Eigenschaften um superveniente Eigenschaften. Es gibt moralische Tatsachen, die in einer supervenienten Beziehung zu empirischen Tatsachen stehen. Den supervenienten Tatsachen liegen subveniente Tatsachen zugrunde, der Gerechtigkeit beispielsweise die subveniente Tatsache, dass in Südafrika die schwarzen und farbigen Menschen mit den weißen gleichgestellt sind.

Sympathie Teilen der moralischen Gefühle mit anderen.

Tradition Mit »Tradition« bezeichne ich die Art und Weise, wie man in verschiedenen Kulturen moralischen Pflichten nachkommt. Es handelt sich stets um ein und dieselbe moralische Pflicht, doch um unterschiedliche Weisen, sie zu erfüllen, was zu dem verbreiteten Irrtum führt, es gäbe in verschiedenen Kulturen unterschiedliche moralische Regeln.

Tugend Eigenschaften des Menschen, die ihn dazu befähigen, gut zu sein und moralisch richtig zu handeln. Heute spricht man weitgehend von der Motivation, moralisch zu handeln. Hat jemand die Motivation, moralisch zu handeln, bezeichnen wir ihn als tugendhaft.

Utilitarismus Lat. »utilitas« = Nützlichkeit oder Vorteilhaftigkeit. Die normative Moraltheorie des Utilitarismus stellt zur Beurteilung der Richtigkeit einer moralischen Entscheidung oder Handlung auf die Folgen ab. Vermehren sie den Vorteil einer möglichst großen Zahl von betroffenen Menschen, dann ist die Handlung gut. Wir unterscheiden zwischen Handlungs-, Regel- und Präferenzutilitarismus.

Vernunft In Kants Moralphilosophie das Vermögen, nach selbst gesetzten Zwecken zu entscheiden und zu handeln.

Werte Tragen zum Wohl der Menschen bei. Werte wie Gerechtigkeit, Frieden, Freiheit, Schutz des Lebens oder Schutz der physischen und psychischen Integrität verpflichten uns zu Handlungen, weil es gut ist, Wertvolles zu realisieren, denn der Sinn moralischen Handelns ist es, Gutes zu tun und das Böse zu unterlassen. Den Werten entsprechen moralische Normen, die Handlungsanweisungen beinhalten, aus denen moralische Pflichten erwachsen, wie »Du sollst andere nicht schädigen«, weil die physische und psychische Integrität ein hoher Wert ist.

Zeittafel

Hier sind ausschließlich Philosophen aufgeführt, die im Text mehr oder weniger thematisch berücksichtigt wurden. Auf diese Weise werden historisch wichtige Stationen der Ethikdiskussion markiert.

384–322 v. Chr.	Aristoteles	
	um 330	*Nikomachische Ethik*
354–430 n. Chr.	Augustinus	
	um 400	*Bekenntnisse*
360–435	Pelagius	
1588–1679	Thomas Hobbes	
	1651	*Leviathan*
1632–1704	John Locke	
	1690	*Über den menschlichen Verstand*
1646–1716	Gottfried Wilhelm Leibniz	
	1710	*Theodizee*
1670–1733	Bernard de Mandeville	
	1714	*Die Bienenfabel*
1671–1713	Anthony Ashley-Cooper, Third Earl of Shaftesbury	
	1708	*Ein Brief über Enthusiasmus*
	1709	*Die Moralisten*
1694–1746	Francis Hutcheson	
	1725	*Über den Ursprung unserer Ideen von Schönheit und Tugend*
	1728	*Erläuterungen zum moralischen Sinn*
1710–1796	Thomas Reid	
	1764	*An Inquiry into Human Mind on the Principles of Common Sense*

1711–1776	David Hume	
	1739/40	*Ein Traktat über die Menschliche Natur*
	1751	*Eine Untersuchung über die Prinzipien der Moral*
1723–1790	Adam Smith	
	1759	*Theorie der ethischen Gefühle*
1724–1804	Immanuel Kant	
	1785	*Grundlegung zur Metaphysik der Sitten*
	1788	*Kritik der praktischen Vernunft*
	1797	*Metaphysik der Sitten*
1748–1832	Jeremy Bentham	
	1789	*Eine Einführung in die Prinzipien der Moral und Gesetzgebung*
1806–1873	John Stuart Mill	
	1863	*Utilitarismus*
1838–1900	Henry Sidgwick	
	1874	*Die Methoden der Ethik*
1874–1928	Max Scheler	
	1913	*Der Formalismus in der Ethik und die materiale Wertethik*
1877–1971	William D. Ross	
	1930	*The Right and the Good*
	1935/1936 (2000)	*Foundations of Ethics*
1873–1958	George Edward Moore	
	1903	*Principia Ethica*
1882–1950	Nicolai Hartmann	
	1925	*Ethik*
1906–1975	Hannah Arendt	
	1963	*Eichmann in Jerusalem. Ein Bericht von der Banalität des Bösen*

	2006	*Über das Böse. Eine Vorlesung zu Fragen der Ethik*
1915–1991	James O. Urmson	
	1953	*Zur Interpretation der Moralphilosophie John Stuart Mills*
	1958	*Saints and Heroes*
1919–2002	Richard Mervyn Hare	
	1952	*Die Sprache der Moral*
	1981	*Moralisches Denken*
1921–2002	John Rawls	
	1971	*Eine Theorie der Gerechtigkeit*
1926	Hilary Putnam	
	1982	*Vernunft, Wahrheit und Geschichte*
1927	Joseph Ratzinger	
	2005	*Werte in Zeiten des Umbruchs. Die Herausforderungen der Zukunft*
	2006	*Enzyklika »Deus Caritas Est«* (als Papst Benedikt XVI.)
1927–1998	Niklas Luhmann	
	2008	*Die Moral der Gesellschaft*
1929–2003	Bernard Williams	
	1973	*Kritik des Utilitarismus*
1929	Jürgen Habermas	
	1983	*Moralbewußtsein und kommunikatives Handeln*
	1991	*Erläuterungen zur Diskursethik*
1946	Peter Singer	
	1979	*Praktische Ethik*
1948	Hans Joas	
	1997	*Die Entstehung der Werte*
1954	Peter Stemmer	
	2000	*Handeln zugunsten anderer*

Dank

Man steht immer auf den Schultern von Riesen und kann nicht allen danken. Manchmal ist etwas zum eigenen Wissensbestand geworden, von dem man nicht mehr weiß, wem man es zu danken hat. Dennoch soll ausdrücklich erwähnt werden, dass ich den Kolleginnen und Kollegen der Arbeits- und Forschungsstelle für Ethik an der Universität Zürich ebenso vielfache Anregungen verdanke wie den Teilnehmerinnen und Teilnehmern des Kolloquiums und der Workshops am Forschungsinstitut Philosophie Hannover. Sofern die Kolleginnen und Kollegen zu den Themen, die im vorliegenden Buch behandelt worden sind, publiziert haben, ist diese Literatur von mir verwendet worden; in einigen Fällen handelt es sich um noch unveröffentlichte Manuskripte. Anregungen gaben mir die vielen Seminare in den vergangenen fünfzehn Jahren an der Leibniz-Universität in Hannover und an der Universität Zürich. Allen beteiligten Kolleginnen und Kollegen, Studentinnen und Studenten sei dafür herzlich gedankt. Mein besonderer Dank aber gilt Simon Lohse für die gründliche und kritische Durchsicht des Rohmanuskripts, das dadurch noch zahlreiche Veränderungen erfahren hat. Last but not least ist der Lektorin Anke Schild zu danken, die immer wieder ihre Gabe unter Beweis stellt, aus Büchern gute Bücher zu machen.

Grundwissen
Philosophie

Was ist Vernunft? Die Vorstellung von dieser besonderen Ausstattung und Fähigkeit des Menschen hat sich im Laufe der Zeit grundlegend geändert. Herbert Schnädelbach zeichnet den Wandel des Vernunftbegriffs nach.

Herbert Schnädelbach:
Vernunft
155 S. · ISBN 978-3-15-020317-0

Reclam

Grundwissen
Philosophie

**Eva-Maria Engelen:
Gefühle**
125 S. · ISBN 978-3-15-020316-3

Gefühle spielen in der aktuellen philosophischen Debatte eine wichtige Rolle. Doch was sind Gefühle, Affekte oder Stimmungen überhaupt? Eva-Maria Engelen stellt Antwortversuche aus der Philosophie, der Biologie und der Psychologie vor.

Reclam

Grundwissen
Philosophie

Gunzelin Schmid Noerr:
Geschichte der Ethik
169 S. · ISBN 978-3-15-020304-0

Was ist Moral? Die Antwort ist in jedem Fall auch eine historische. Für Marx ist die herrschende Moral die Moral der Herrschenden, für Nietzsche stellt sie einen Spezialfall der Unmoralität und für Freud verinnerlichte und wieder nach außen projizierte Aggression.

Reclam

Grundwissen
Philosophie

**Herbert Schnädelbach:
Kant**
160 S. · ISBN 978-3-15-020124-4

Immanuel Kant (1724–1804) ist der klassische Philosoph der Moderne. Im philosophischen Diskurs ist er allgegenwärtig. An seinen berühmten vier Fragen kommt auch heute keiner vorbei: »Was kann ich wissen? Was soll ich tun? Was darf ich hoffen? Was ist der Mensch?«

Reclam

Grundwissen
Philosophie

Alles ist Kommunikation, doch wie ist Kommunikation möglich? Das, was ein Individuum wahrnimmt, ist stets etwas anderes als das, was es ›zum Ausdruck‹ bringt.

**Dirk Baecker:
Kommunikation**
120 S. · ISBN 978-3-15-020119-0

Reclam